AUG   2010

DATE DUE

D1127053

Paz Económica

ORLANDO MONTIEL

AuthorHouse™
1663 Liberty Drive, Suite 200
Bloomington, IN 47403
www.authorhouse.com
Phone: 1-800-839-8640

First published by AuthorHouse 1/11/2008

ISBN: 978-1-4343-6343-5 (sc)

*Printed in the United States of America
Bloomington, Indiana*

This book is printed on acid-free paper.

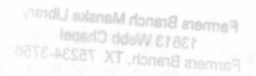

ÍNDICE

ADVERTENCIA LEGAL

Este libro ofrece información la cual estimamos será de muchísima utilidad para la educación del lector en el área de las finanzas personales.

Debido a la gran gama de productos financieros, la complejidad de algunos de ellos y las diferentes necesidades personales, este libro no puede exceder de la transmisión de la información que en él se ofrece y en ningún momento sugiere la sustitución de asesoría financiera.

Recomendamos los servicios de profesionales vinculados con esta actividad económica (Abogados, contadores, asesores financieros, corredores de seguro, debidamente acreditados, entre otros) que puedan orientar en la operación que se pretenda hacer. Es por esto que al usar la información contenida en este libro, usted acepta exonerar de toda responsabilidad, reclamo, demanda o cualquier tipo de acción legal, tanto al autor como a las empresas directamente vinculadas con él.

AGRADECIMIENTOS

A mi Madre, por enseñarme el valor de la honestidad, la responsabilidad y la amistad.

A mi padre, por mostrarme un mundo de posibilidades, por enseñarme el valor del esfuerzo para alcanzar mis metas, lo que ha permitido mi crecimiento personal y profesional... Y, gracias, por su constante presencia en todos mis proyectos y por creer en mí.

A mi queridísimo hermano Daniel, por aportar, incondicionalmente, su talento y brillantes ideas tanto a este proyecto como a todos los otros proyectos de negocios en los que se ha involucrado conmigo.

Por último, quiero expresar mi gratitud a todos los clientes, patrocinantes, asistentes a mis seminarios, cursos, talleres y televidentes... por su confianza.

Gracias

PAZ ECONÓMICA

¿Te gustaría construir un futuro financiero sólido que te permita cumplir cómodamente con tus compromisos económicos, brindarle a tus hijos una excelente educación, comprar la vivienda que deseas, disfrutar cada año de unas muy buenas vacaciones con tu familia, prever tu retiro, tener capacidad para incrementar mensualmente tus ahorros y lograr lo más importante: <u>Que el dinero sea fuente de armonía, tranquilidad, satisfacciones y logros?</u>. Si tu respuesta es afirmativa, entonces tú lo que buscas es alcanzar **LA PAZ ECONÓMICA**.

¿Tú te preguntarás: Cómo logro mi paz económica? Contrario a los que la mayoría de las personas piensan no se necesita un título universitario, conocimiento financiero técnico o una fortuna para lograrlo. Mi respuesta es: 80% ACTITUD Y 20% CONOCIMIENTO.

¿QUE ES LA ACTITUD? La actitud para lograr el bienestar económico es la conducta, el comportamiento decidido de lograr ese objetivo, implica disciplina y entusiasmo, mucho entusiasmo, para planificar y para actuar.

Como paso previo debes tener muy claro, cuáles son las creencias que tienes acerca del dinero, porque esas creencias han determinado y determinará, de manera consciente o inconsciente, tu forma de vida personal, familiar, social y profesional (el lugar en el que vives o donde quieres vivir, el colegio, la universidad donde estudiaste, estudias y/o estudiarán tus hijos, qué clase de vacaciones quieres disfrutar, los amigos que tienes y puedes tener, entre otras tantas cosas).

¿Te resultan familiares algunas de estas expresiones? "Con tanto dinero que tiene pero mira le dio ... cáncer ... , la mujer lo dejó ... se le murió ..., " etc., etc. De nada le sirvió tanto dinero.

"Soy pobre pero honrado", "Quién sabe a quién le robó el dinero", "Yo prefiero mi tranquilidad a tener dinero".

Y, éstas: "Lo que necesito para ser feliz es tener mucho dinero", "El dinero lo resuelve todo".

Estas frases, entre muchas otras, evidencian los mitos acerca del dinero. Por una parte, hay gente que le atribuye al "rico" protecciones divinas; es como si creyeran que los ricos no pueden sufrir las adversidades de la vida como cualquier otro ser humano; otra gente, por su parte, asocia el dinero con deshonestidad y con la falta de valores; y, otras tantas, le atribuyen al dinero un carácter mágico, de "súper héroe", lo arregla todo.

De mi experiencia en la banca, donde tuve la oportunidad de asesorar a numerosos clientes, aprendí que, independientemente de la situación financiera de ellos (buena, mala, regular o excelente), las preocupaciones que planteaban eran comunes, la diferencia estaba en los montos, en las cantidades.

Otra falsa creencia con respecto al dinero es que las personas de mucho dinero tienen menos problemas económicos que la personas con menos dinero. La mayoría de las personas con problemas económicos tienden a pensar que más dinero solucionará sus problemas. Para tu sorpresa raramente sucede esto. El problema económico en la mayoría de los casos, a menos que sea extrema pobreza, no se debe a la falta de dinero, se debe a malos hábitos económicos y falta de una educación financiera básica. Además, El más feliz no es el que más tiene sino que menos necesita."

El plan económico de la mayoría de las personas por lo general es crear más ingresos y que el resto se solucionará por sí solo, desafortunadamente más dinero sólo trae más problemas, si no tenemos claras nuestras metas y si no sabemos cómo administrar este valiosísimo recurso para el logro de nuestros objetivos.

Recuerdas cuando ganabas $2,000 al mes y decías, si ganara el doble $4,000 al mes todos mis problemas estarían resueltos; ahora, quizá ganes esa cantidad o más y los problemas siguen siendo los mismos. Así que como puedes ver no es el incremento monetario lo que te lleva a lograr la paz económica sino la aplicación de una serie de reglas muy sencillas que explico en detalles a continuación.

DOS TESIS POPULARES ACERCA DEL DINERO

TESIS No. 1: MIENTRAS MÁS PRODUZCAS E INVIERTAS MEJOR

"Haz mucho dinero, invierte en negocios y bienes raíces y mientras más dinero hagas más tranquilo estarás porque te podrás comprar el carro, la casa, el bote y todas las cosas materiales que siempre has querido." ¿Has visto esas propagandas en televisión que prometen la felicidad a través de un programa de inversión en la bolsa de valores o en bienes raíces el cual te hace creer que ganaras mucho dinero? pues a eso me refiero.

Recuerda que "El más feliz no es el que más tiene sino que menos necesita."

TESIS No. 2. AHORRA TODO PARA EL MAÑANA

"Guarda tus ingresos, no gastes en carros de lujo, vive modestamente, guarda los cupones del periódico, no comas en restaurantes lujosos, y no se te ocurra comprar un café de 3 dólares para que puedas retirarte en paz."

Mi experiencia me dice que ninguna de estas dos tesis garantiza el logro de la PAZ ECONÓMICA. Tener un carro o casa de lujo no significa que estemos financieramente estables. Te sorprenderás de la cantidad de personas que viven en los mejores repartos, visten la ropa de último modelo y tienen los carros más lujosos y no tienen paz económica.

Ni tampoco he visto que alguien alcance la paz económica por el sólo hecho del ahorro. Conocemos muchas personas que trabajan muy duro para sólo guardar y vivir con muchísima escasez, sin disfrutar de sus esfuerzos en la búsqueda de un futuro que quizá nunca vendrá.

En realidad son muchísimos los tabúes y falsas creencias en torno al dinero y de sus efectos dañinos en la vida del hombre... Es importante destacar que no sólo el dinero, sino cualquier elemento de la naturaleza, inclusive el agua pura y el oxígeno, imprescindibles para la vida, si son mal utilizados producirán algún perjuicio al hombre.

El dinero debe ser nuestro aliado, uno de nuestros mejores amigos porque él es, dentro de nuestro mundo occidental, el instrumento de cambio que hace posible el logro de nuestros objetivos personales, familiares, profesionales y materiales como son, por ejemplo, satisfacer nuestras necesidades fundamentales de alimentación, vivienda, estudios, recreación, transporte, medicinas y cualquier otro gusto material que queramos darnos. Por eso, no sólo debemos saber producirlo, sino que debemos aprender a cuidarlo y también a disfrutar del beneficio que nos brinda el tenerlo.

¿Por qué afecta a personas, tanto de altos como de bajos recursos?

Porque la mayoría de las personas no han aprendido a manejar sus finanzas, más importante aún, no han desarrollado el comportamiento adecuado sobre el dinero, es por esto que:

1. El índice de ahorro en los estados Unidos para el año 2005 era un negativo 2%. Por primera vez en la historia el índice de ahorro ha llegado a este punto. Quiere decir que la gran parte de la población gasta 2% más de lo que gana mensualmente y financia el déficit a través de tarjetas de crédito y líneas de crédito sobre la plusvalía de su vivienda. Está gastando y comprometiendo dinero que todavía no se ha ganado.

2. La familia promedio tiene una deuda de más de $10,000 en tarjetas de crédito: Si pagan el saldo mínimo de cada una de estas tarjetas les tomará casi 40 años en pagar el monto total, si no la usan más y cancelan el pago mínimo puntalmente, lo cual generalmente no sucede.

3. Se registra un promedio de más 100,000 bancarrotas mensuales a nivel nacional:

4. Consejeros de matrimonio afirman que la causa número uno de divorcio es la dificultad económica.

Es evidente que esta es una situación que toca a las personas independientemente de sus ingresos.

Dos grandes economistas, Alan Greenspan, ex presidente de la reserva federal y Hoseph Stiglitz premio Nobel de economía en el año 2001, indican que la gran mayoría de los ciudadanos norteamericanos carecen del conocimiento requerido para manejar eficazmente su dinero.

Reitero mi comentario anterior referido a mi experiencia en la banca, en la cual tuve clientes con grandes ingresos que estaban tan o más preocupados que mis clientes con menores ingresos.

Claramente sus habilidades para generar dinero eran mayores, pero sus habilidades para manejar, hacer rendir, crecer y disfrutar el dinero eran tan ineficientes como la de aquellas personas con menores ingresos.

Una economía de mercado como la nuestra se mantiene del consumo, lo cual no es negativo; lo negativo es el consumo indisciplinado, como es aquél que se hace sin disponer de la capacidad financiera debida para el cumplimiento oportuno de las obligaciones que contraemos, bien sea, por las compras a crédito o por compras inoportunas que afectan de manera considerable nuestros ahorros.

Riqueza no es lo mismo que ingresos. En realidad hay muchas personas con ingresos altos que no son ricas y que mucho menos disfrutan de paz económica. Hay muchas personas que no generan grandes ingresos altos pero no disfrutan de paz económica.

De todo lo anterior se desprenden que el logro de la PAZ ECONÓMICA depende esencialmente de nuestro sistema de *creencias acerca del dinero*, porque las creencias que tengamos acerca del dinero determinan si somos capaces o no de: 1) Darnos "permiso" para fijarnos metas claras para el mediano y el largo plazo; 2) *"Aceptar"* al dinero como un necesario *"aliado"*, por ser el recurso material por excelencia, para el logro de nuestras metas; y, 3) Ver que sólo la planificación adecuada de este recurso hará posible el logro de nuestro gran objetivo: **LA PAZ ECONÓMICA.**

Soy un fiel creyente de que lograr la paz económica es 80% actitud y 20% conocimiento.

Hasta aquí hemos recorrido el 80% del camino hacia la PAZ ECONÓMICA. El 20% restante te lo presento más adelante, a través del conocimiento.

¿QUE ES EL CONOCIMIENTO? Es el 20% del camino al bienestar financiero y está representado por las siguientes leyes de las finanzas personales:

Ley #1	**Gastar menos de lo que ganas**
Ley #2	**Asegurar tus bienes**
Ley #3	**Pagarte a ti primero**
Ley #4	**Crear reservas liquidas**
Ley# 5	**Trazar metas claras**
Ley #6	**Crear un presupuesto**
Ley #7	**Educación**
Ley #8	**Actitud mental**
Ley #9	**Invertir**
Ley #10	**Controlar las deudas**
Ley #11	**Dar**

De acuerdo con estudios resientes, el 80% de los millonarios en los Estados Unidos son de primera generación; lo que significa que no heredaron fortuna, ni fueron ayudados financieramente por sus padres. ¿Cuáles son los factores en común que estás personas tienen? Todos usaron las leyes universales del dinero.

Se puede hablar de paz económica sólo cuando se logra que el dinero no sea una fuente de angustia, de miedos, temores, preocupaciones para uno.

Los pobres se preocupan por no tener dinero y muchas personas ricas se preocupan por el miedo a perderlo. He asesorado a varias personas ricas que no podían eliminar el miedo a perder el dinero, su estatus social, carros, casas, pertenencias, el temor de ser pobre.

Como puedes ver ni el pobre ni el rico están en mejor posición. Tanto el no darle importancia al dinero como la sobreprotección del mismo son extremadamente dañinos. La **PAZ ECONÓMICA** no conoce de angustia, miedos, temores y/o preocupaciones por el dinero...

PAZ ECONÓMICA, es transitar el camino de la vida cotidiana con un ritmo fluido de armonía, de satisfacciones por los logros alcanzados, de propuestas de nuevas metas que nos dejen espacios para preservar nuestra salud espiritual, mental, física, familiar, profesional, social y recreacional. Y, esta afirmación está avalada por diversos estudios donde se ha demostrado una correlación positiva entre paz económica y salud en general.

Lo que sí es un hecho indebatible es que, independientemente de las razones, todos necesitamos dinero, pero muy pocos sabemos cómo obtenerlo, conservarlo, hacerlo crecer y disfrutarlo. La buena noticia es que existen leyes sencillas y posibles de aplicar. Ofrecértelas para tu beneficio es uno de los propósitos de este libro. Aquí encontrarás herramientas que permitirán derrumbar el mito de que "es imposible lograr la abundancia y la paz económica"... Sólo que se ha divulgado muy poco la manera de lograr el bienestar financiero.

En los siguientes capítulos mi compromiso es presentarte estas leyes sencillas de aplicar... y dependerá sólo de ti la decisión de aprenderlas y ponerlas en práctica.

La meta es tener la capacidad para satisfacer tus necesidades, sin presiones, sin miedos, sin angustias, sin preocupaciones... Y, ello es sólo posible cuando planificamos nuestras finanzas y aplicamos las leyes para lograr la PAZ ECONÓMICA.

LA IMPORTANCIA DEL DINERO

"Lo que pasa con tu dinero te afecta en las distintas esferas de tu vida, especialmente en tu bienestar emocional, familiar y físico". -Orlando Montiel

El dinero, queramos o no, está siempre presente en nuestras vidas y de muy diversas maneras. En el mundo actual, superada la era del trueque, él interviene de alguna forma en todas las actuaciones de nuestra vida: comer, vestirnos, la vivienda, el carro, la recreación, el cuidado de nuestros hijos, de nuestra familia, las vacaciones... en todo. Inevitablemente siempre está presente...

Ahora bien, no obstante, ser un miembro de permanente e inevitable presencia en nuestras vidas, en muchísimos casos, es un miembro que se percibe como amenazante porque viene acompañado, en muchos casos, de angustias, miedos, temores, rechazos, evasiones y hasta de culpas... y, estos sentimientos se pueden observar tanto en personas de escasísimos ingresos, como en personas que han llegado a alcanzar sumas grandiosas. Todos estos sentimientos y emociones hablan de la inadecuada relación que muchísimas personas mantienen con el dinero... Con estos sentimientos y emociones es imposible alcanzar la Paz Económica.

Es por esto que el propósito fundamental de este libro es proporcionarte un conjunto de herramientas que te permitan, independientemente de tus ingresos y recursos económicos, de tu filosofía de vida y de tus aspiraciones, alcanzar tu PAZ ECONÓMICA.

Lo he escrito para ti porque quiero compartir contigo la experiencia de hacer del dinero un gran aliado, que te permita satisfacer con **paz y tranquilidad**, desde las más mínimas exigencias de una vida sencilla, hasta, si fuere el caso, las exigencias de una vida opulenta y ostentosa, si ésta fuera tu meta.

Hay que aprender a administrarlo, sin aprehensión, sin desprecio, ni demasiado apego... El dinero tiene un justo valor en nuestras vidas ... tiene un sentido de utilidad y bienestar ... El dinero te debe servir para vivir mejor en todos los sentidos, por ello no puedes desdeñarlo, despreciarlo o ignorarlo, ni tampoco tenerlo como un "objeto de adoración" que te esclavice...todos esos sentimientos son contrarios a la Paz Económica. El secreto está en que aprendas a tomar el control de tus finanzas, que asumas la responsabilidad diaria del adecuado manejo de tu dinero, lo cual puede, no sólo traerte la Paz Económica, sino también producir sumas de dinero jamás imaginadas por ti, si esto también fuere tu meta.

Cuando en mis talleres y encuentros grupales alguien me pregunta si he alcanzado la Paz Económica, mi respuesta es, sin duda alguna: SI!!!   Y, como he dicho a lo largo de este libro, la Paz Económica, no tiene que ver en sí mismo con los logros materiales alcanzados, entre otros, casa, educación, viajes, buena ropa, buena comida, recreación; **La Paz Económica tiene que ver con la tranquilidad no la angustia que el dinero produce.** Es no tener preocupaciones para atender el presupuesto mensual... Es cuidar el dinero, administrándolo correctamente, y disfrutarlo en calidad de vida personal y familiar... **Si bien el concepto de riqueza es muy subjetivo, el concepto de Paz Económico es único y universal.**

¿CUÁNDO EMPEZAR A BUSCAR LA PAZ ECONÓMICA?

Ya!!! Es imposible lograr la Paz Económica si vivimos una relación inadecuada con el dinero, donde nuestras finanzas están en manos de la indisciplina, de la desorganización, de la angustia, del miedo, del temor, bajo la amenaza de la ruina y/o de una vida cotidiana llena de absolutas privaciones o de dificultades reales para satisfacer el mínimos de nuestras necesidades diarias y/o de sentimientos de rechazo y desprecio hacia él.

Está muy claro, que el dinero constituye, para muchos, una fuente de preocupación; así lo refleja, entre tantos artículos, el publicado por el diario USA TODAY, donde se señala, por una parte, que el mayor miedo que enfrenta la población americana, es no disponer del dinero para su retiro y, por la otra, que el dinero es la causa número uno de discusión en la pareja.

Como en materia de salud, si aún no se ha producido la enfermedad: La PREVENCIÓN; si ya se produjo la enfermedad: LA ATENCIÓN Y CUIDADOS INTENSIVOS. A diferencia de la salud, en materia financiera, siempre hay una oportunidad para lograr la Paz Económica. A empezar YA!!!

Es por ello que el objetivo principal de este libro es darte las herramientas que puedan ayudarte a establecer la relación armónica con el dinero, dándole su justo valor y administrándolo y usándolo de la manera correcta, como única vía para alcanzar la Paz Económica.

Este libro te brinda la oportunidad de poder planificar un futuro mejor, obtener una mejor calidad de vida, retirarte sin angustias económicas, disfrutar de unas buenas vacaciones sin comprometer tu presupuesto mensual, darte a ti y a tu familia el estilo de vida que se merecen.

CATEGORÍAS FINANCIERAS

1. Si eres una persona con un objetivo financiero muy claro, que su manejo del dinero responde a un programa previamente establecido, que no obedece a impulsos, entonces tu comportamiento es el propio de un inversionista. El INVERSIONISTA tiende a lograr la PAZ ECONÓMICA.

2. Si eres una persona que, independientemente de tu profesión u oficio y de tus ingresos, siempre estás amenazado por apuros económicos y al borde de una catástrofe financiera y que además no tienes un objetivo claro de lo que quieres hacer con tu dinero y en qué posición financiera quieres verte en el futuro, te identificas con el CONSUMIDOR (A).

Conocerte, desde el punto de vista financiero, saber con cuál categoría te identificas, es esencial para saber qué patrones de comportamiento debes comenzar a cambiar, lo cual es imprescindible para transitar el camino del bienestar financiero. Sin hacer los cambios requeridos es imposible lograr tu meta de alcanzar la Paz Económica.

Identificada tu categoría financiera puedes seguir el esquema de preguntas que a continuación te ofrezco, para orientarte en los cambios que debes hacer para lograr tu Paz Económica:

- ¿Qué es lo que más deseas cambiar con respecto a tu situación financiera actual?

- ¿Qué plan de acción tienes en mente para lograr este cambio?

- ¿Por qué quieres lograr esta meta?

- ¿Estás dispuesto a tomar acción?

"El riesgo más grande en la vida es no dar un paso hacia delante y dejar de aprender"- Donald Trump. Este pensamiento está dirigido a destacar la importancia de la "acción".

Recordemos que la escuela, donde hemos pasado gran parte de nuestro tiempo, nos enseñan a trabajar para producir dinero, pero no nos enseñan "cómo crear el éxito financiero"; de allí la dificultad para el común de las personas para alcanzar la Paz Económica. Y, para lograrla debemos hacer cambios en nuestros patrones de consumo, en nuestra relación con el dinero. Ese cambio de actitud es determinante para lograr el bienestar financiero.

Con la lectura de este libro te darás cuenta que para lograr la PAZ ECONÓMICA, el 80% se deberá al comportamiento, a tu relación y manejo del dinero; el restante 20% dependerá de tu conocimiento acerca de cómo producir dinero. Lo que quiero manifestar con esta frase es que no hay que ni ser un experto en finanzas, ni generar ingresos altos para alcanzar la PAZ ECONÓMICA.

Lograr la PAZ ECONÓMICA requiere más de disciplina, acción y de cambio en el comportamiento, que de ingresos monetarios, así que tomar acción es parte fundamental para el éxito de nuestras finanzas personales.

Si estás leyendo este libro quiere decir que ya has comenzado a transitar el camino hacia la paz financiera. Has empezado a tomar acción.

MI HISTORIA PERSONAL

La historia nos enseña que los grandes logros y grandes conquistas, en muchísimas ocasiones están precedidos de enormes desalientos, frustraciones, grandes fracasos o situaciones extremas. Mi historia no es diferente. Mis padres, de clase media profesional, generaban ingresos mensuales que sólo permitían satisfacer necesidades básicas de alimentación, vivienda y estudios. Educados a la usansa de que el dinero es "malo"," trae problemas", los ricos son "malos"... con mucho miedo al dinero, miedo a disfrutar de los beneficios que el uso correcto del mismo nos puede brindar. Sin embargo, sabían que esto no era lo que querían transmitir a sus hijos... Con mucho esfuerzo y con la intención de ofrecerme una mejor educación de la que ellos tuvieron, me enviaron a estudiar aquí a Los Estados Unidos. Todo iba muy bien... mi padre se mudó también para Miami y los negocios iban cada vez mejor... Un día cualquiera, ya tenía yo 19 años, una situación económica adversa cambió mi vida dramáticamente. Mi padre tuvo que regresar a Venezuela... sus negocios tomaron un giro negativo y, por su supuesto, nuestra economía familiar hizo crisis.

Sin embargo, aunque sin mis padres y hermanos, me quedé en Miami para continuar mis estudios, que era el objetivo primordial de mis padres y mío ... Para cubrir mis estudios y mis gastos personales tuve que trabajar como Valet Parking, mesonero en bodas, vender ollas y filtros, ir de puerta en puerta para ganar $1,200 al mes. Fueron enormes las deudas que tuve que contraer para pagar la universidad - los tíos Pepe y Nena - son testigos de ello; en cuanto a vivienda, mi única opción fue vivir en un complejo de proyecto de gobierno en Miami pagando $550 en renta al mes. No había posibilidad de recreación alguna, de ropas y zapatos nuevos, ni de verme con mi familia, pues no teníamos los recursos que cualquier viaje implicaba... Navidades sin la familia, tal vez, fue una de las situaciones más tristes que recuerdo. Pero todos asumimos esta circunstancia como un reto que en breve tiempo se iba a superar...y, que al final fortalecería nuestro vínculo familiar y fortalecería nuestra convicción de que en la vida es fundamental fijarse metas y luchar para el logro de las metas propuestas. Para unos es más fácil que para otros, pero ese no es el dilema; el dilema es, si estamos dispuestos a luchar para alcanzar nuestras metas y ver que nuestros sueños se hagan realidad.

Así fue pasando el tiempo, obtuve mi título universitario en Finanzas, tuve la gran oportunidad de trabajar en la Banca y en el área de seguros. Esa fue una experiencia muy valiosa, entre otras cosas, porque el comportamiento de mis clientes hacia el dinero, independientemente del volumen de sus cuentas, me permitió reforzar mi creencia, hoy convicción, de que generar ingresos y saberlos administrar están estrechamente vinculados para alcanzar la paz económica. Sin la correcta administración de los recursos que generemos es imposible lograr la paz económica independientemente de cuánto dinero generemos.

A continuación te presento ejemplos ciertos de que la paz económica no depende de cuántos ingresos generemos, sino de la adecuada administración de nuestros recursos en función de nuestras propias metas y de nuestra filosofía de vida: Un caso real, tomado de mi álbum familiar: Uno de mis tíos llamado José Gómez – "EL TÍO PEPE" - un ser especial, caracterizado por su sencillez, inmigrante cubano con más de 40 años en Miami, hoy tiene 77 años, jubilado. Muy disciplinado en su vivir, incluido el manejo del dinero. ¿Es mi tío millonario? No. Es propietario de su vivienda, una casa con un valor inferior a los cien mil dólares; su carro es usado, pero propio y está en perfectas condiciones, está felizmente casado con "la tía Nena", tienen una forma de vida muy sencilla pero disfrutan viajando, tienen muy buena salud... Y, no tienen deudas!!! ¿Tiene paz económica? SI!!!. Conforman una pareja exitosa, espiritual, mental y financieramente.

Como puedes ver su meta nunca fue ser millonario... muchos no quieren ser millonarios... Querer y lograr ser millonario o no, no es lo importante, lo fundamental es que nuestra vida esté llena de satisfacciones por los logros alcanzados, que nuestras metas las hagamos realidad, que nuestra vida fluya armonicamente, sin las angustias, miedos y temores que producen la insolvencia financiera.

Otro ejemplo: Un ex – cliente, Don Mario, 59 años, abogado activo, generaba enormes ingresos y tenía un estándar alto de vida. Sin embargo, a diferencia del tío Pepe, Don Mario quería ser millonario y hasta ese momento, no era millonario y lo peor, no gozaba de paz económica. Se había acostumbrado a recibir constante y periódicamente buenos ingresos, producto de su trabajo y buenos negocios, pero tan pronto lo ganaba, rápidamente lo gastaba. No tenía metas claras y definidas y mucho menos sabía cómo resguardar el dinero. Cuando los buenos ingresos comenzaron a espaciarse y a disminuirse cada vez más ... y, en su angustia, dió paso al enemigo número uno de la paz económica: Las deudas ... y sin capacidad para pagarlas oportunamente ... Un día conversábamos, en mi oficina en el Banco - yo ya transitaba el camino hacia la paz económica - y él que me conocía desde mis inicios acá, me preguntó cuál era el secreto y le contesté: Poniendo en práctica, lo que aprendí y estudie, lo que hoy yo llamo "Las once leyes para alcanzar la Paz Económica":

Ley #1	Gastar menos de lo que ganas
Ley #2	Asegurar tus bienes
Ley #3	Pagarte a ti primero
Ley #4	Crear reservas liquidas
Ley# 5	Trazar metas claras

Ley #6	Crear un presupuesto
Ley #7	Educación
Ley #8	Actitud mental
Ley #9	Invertir
Ley #10	Controlar las deudas
Ley #11	Dar

Por años me intrigó muchísimo saber por qué la mayoría de las personas no se dedican a darle solución efectiva a sus problemas financieros en lugar de sufrir por ellos. Muy probablemente es porque no saben cómo solucionarlos. Te aseguro que en este libro podrás encontrar información muy valiosa para que cambies tus patrones de conducta y te orientes para alcanzar tu paz económica.

Si, este libro está dirigido a ti... que estás decidido a trabajar para alcanzar tu paz económica. Aquí encontrarás las herramientas para comenzar a transitar el camino hacia la PAZ ECONÓMICA.

LAS 11 LEYES UNIVERSALES PARA LOGRAR LA PAZ ECONÓMICA

Ley # 1
GASTAR MENOS DE LO QUE GANAS

Esta ley parece muy sencilla de aplicar; sin embargo, el 99% de las personas están en problemas financieros, no porque no ganan suficiente, sino porque no controlan sus gastos. La mayoría de las veces cuando las personas reciben un incremento en el salario, en lugar de aumentar su porcentaje de ahorro, tienden a igualar su presupuesto de gastos al aumento recibido, es decir, aumentan sus gastos.

Manejar las finanzas personales es muy fácil, no tiene nada de complicado, si sigues las leyes que rigen las finanzas; siendo la primera de estas leyes, la siguiente: GASTA MENOS DE LO QUE GANAS. Esta ley tiene que ver más con la actitud, que con el conocimiento... si logras conquistar esta primera ley has iniciado el camino de tu bienestar financiero ... Estarás en el camino de alcanzar la paz económica.

Como dije anteriormente muchos piensan que los problemas económicos se resuelven con dinero, ganando más dinero; para tu sorpresa, rara vez esto sucede.

El problema de las finanzas personales, en la mayoría de los casos, a menos que se trate de extrema pobreza, no se debe a la falta de dinero, se debe a malos hábitos en el manejo de las finanzas. La mayoría de la gente gasta más dinero del que gana; esto las lleva a contraer deudas sin tener la capacidad para pagarlas y, este es el primer paso para el desastre de las finanzas personales.

Los gastos mensuales deben representar sólo un porcentaje de los ingresos; mientras mayores sean tus ingresos con respecto de tus gastos, mayores son también las posibilidades de tener bienestar financiero...

¿Por qué es tan difícil gastar menos de lo que ganamos?

Son diversas las razones personales que dificultan el manejo adecuado de las finanzas personales. Una de esas razones se refiere al consumo compulsivo, derivados de supuestas "facilidades de pago" a través de las tarjetas de crédito. Cada vez es más fácil obtener tarjetas de crédito; hoy en día el consumidor promedio recibe cercar de 6 aplicaciones semanales para tarjeta de crédito. Estas tarjetas aparentan ser la "solución" para las personas que son adictas al consumo o tienen la necesidad de obtener efectivo por falta de liquidez.

Cuando no existían estos mecanismos de "fácil" crédito, el problema de las finanzas personales era menos frecuente, pues la mayoría de la gente no sufría de la ilusión del supuesto bienestar financiero que pueden producir las tarjetas de crédito; la mayoría de la gente no afectaba su paz económica porque no contraía deudas impagables, como pueden ser las que padecen muchas personas en estas épocas. (Ley #10 Controlar Las Deudas).

Otra razón es que la mayoría de las personas no sabe cuánto dinero gasta cada mes (Ley # 6 Opera Bajo Un Presupuesto). Usualmente cuando le pregunto a alguno de mis clientes cuánto gastan mensualmente, la respuesta común es que no tienen ninguna idea. La mayoría sabe cuánto gastan en la hipoteca, el carro y los beneficios de fin de año, pero no saben cuánto gastan en las cosas pequeñas como la comida, lavandería, entretenimiento y ropa, lo cual si sumamos se convierte en una suma importante. "Cuida los centavos que los dólares se cuidan solos."

Cuando les pido a mis clientes que escojan un mes del año cualquiera y escriban todo lo que han gastado, incluidos esos pequeños gastos, se sorprenden de la cantidad de dinero que gastaron.

Una solución muy sencilla para esto es escribir por unos 3-4 meses todo lo que gastamos para lograr tener una perspectiva real de cuáles son nuestros verdaderos gastos. Y, ten presente, que para muchos, el comienzo de este nuevo comportamiento frente a las finanzas personales puede ser muy duro, pero el esfuerzo vale la pena...

Recuerda la primera de las leyes de las finanzas personales "gasta menos de lo que ganas" y lograrás la Paz Económica. Adelante!!!

Ley # 2
ASEGURA TUS BIENES

Cuando escuchas la palabra "Seguros" lo más probable es que lo asocies con situaciones en las que nos quieres pensar o que te resulte un tema muy aburrido y hasta complicado.

Definitivamente hablar de seguros no es un tema divertido; quién quiere hablar de muerte, enfermedades, de accidentes personales o de daños a nuestros bienes (vivienda, carro, etc.)? Sin embargo, si quieres obtener la Paz Económica, tú, tu grupo familiar y tus bienes, deben estar correctamente asegurados, pues nadie está exento del riesgo de sufrir una enfermedad, la muerte de un familiar, un accidente personal o algún daño a un bien material y, por muy leve que éstos puedan ser, su solución siempre implica, en alguna medida, dinero; por ello el seguro es, además de la posibilidad real de poder afrontar cualquiera de estas situaciones, es una protección a las finanzas personales.

Existe una diversidad de seguros: Contra incendio, para la salud, maternidad, carro, vivienda y muchos otros. Se pueden comprar seguros para casi todo tipo de riesgo financiero. Atletas profesionales se aseguran en caso de una lesión. Los cantantes aseguran sus voces e incluso sus piernas si las usan mucho durante sus conciertos. Actores y actrices aseguran sus caras ya que la utilizan como principal medio de trabajo.

Muchos piensan que el seguro es simplemente un gasto de dinero porque están pagando por algo que no se sabe si ocurrirá. Como no puedes predecir el futuro es importante que te protejas: "Es preferible tener un seguro y no usarlo, que necesitar un seguro y no tenerlo". Los seguros son simplemente una forma de protección financiera. Las cuentas médicas, inclusive, de accidentes menores pueden acabar con tus ahorros y llevarte a la bancarrota, los seguros son simplemente un pequeño sacrificio económico indispensable para tu tranquilidad financiera.

Comprar el seguro adecuado es una de las decisiones más sabias que puedes hacer. Las personas compran estos seguros por dos razones básicas:

1. Para protegerse a sí mismo y a su familia en caso de una pérdida financiera debido a distintos factores, tales como, robo, fuego, accidente, enfermedad, etc..

2. Para poder pagar las obligaciones financieras a otras personas debido a las acciones que la persona haya tomado equivocadamente.

Claro está que escoger la póliza adecuada, el monto por el cual debes asegurar tus bienes y los deducibles puede ser un proceso fastidioso y aburrido. Para simplificar el tema hay básicamente cuatro aéreas las cuales debes asegurar.

1. Tu Médico

2. Tu vida (En caso de muerte)

3. Bienes materiales (Seguros para carro, casa, etc.)

Existen también otros tipos de seguros como lo de incapacidad en caso de no poder trabajar ("Long-Term Care"); seguros para cuidados intensivos para personas mayores los cuales se deben analizar de acuerdo con las necesidades personales de cada individuo.

Cuando estás en el proceso de decidir qué tipo de seguro necesitas, la pregunta más importante que te debes hacer es: Qué es lo prioritario para mi? Mi salud? Mi carro? Si mueres, qué repercusiones financieras tendrá para tus seres queridos?

Seguro Médico

Independientemente de tu situación financiera, el seguro médico es de primera necesidad. El seguro médico es crucial porque permite cubrir los gastos de una eventual enfermedad o accidente personal, lo cual podría afectar, desde el punto de vista económico, el buen funcionamiento de tu vida diaria y la de tu familia. Es el primer tipo de seguro que debes considerar a la hora de analizar los distintos tipos que existen en el mercado.

Actualmente existen más de 45 millones de personas en los Estados Unidos que no tienen seguro médico. El no tener este seguro puede traer consecuencias económicas muy negativas no sólo al enfermo sino a la familia entera. De acuerdo con un estudio hecho por la profesora Elizabeth Warren de la Universidad de Harvard, los costos médicos contribuyen a la mitad de todas las declaraciones de bancarrota individuales (en el trascurso de un año, cerca de un millón de residentes de los Estados Unidos ha declarado la bancarrota por razones relacionadas con costos médicos). Además, unos 29 millones de habitantes de los Estados Unidos tienen deudas médicas considerables (más de $5,000).

Los altos costos médicos relacionados no sólo con enfermedades sino con accidentes, pueden llevar a personas, incluso, de altos recursos económicos, a presiones financieras increíblemente altas. Generalmente, no sólo se obtienen deudas con el hospital, sino que muchas de estas personas terminan recurriendo a las tarjetas de crédito, familiares y amigos; otros se ven obligados a reducir su calidad de vida vendiendo su casa, carro y otros bienes materiales de primera necesidad simplemente por no tener seguro médico.

En materia de seguros, definitivamente el seguro médico es el primer paso para alcanzar la paz económica.

El Seguro de Vida en caso de muerte

El seguro de vida en caso de muerte, es simplemente eso, una protección económica para tus seres queridos y, debe considerarse prácticamente sólo cuando hay una necesidad de cuidar de la familia o dependientes de tus ingresos. El uso y razón de un seguro de vida es que éste sustituiría al ingreso mensual del fallecido.

Desafortunadamente cuando un miembro de la familia muere, ésta debe cubrir muchos gastos, tales como, el funeral, impuestos; así como pagar las posibles deudas del fallecido, que de no contar con este tipo de seguro y si no se dispone de suficiente dinero, habría la necesidad de liquidar bienes, tal vez de un mayor valor que el de las deudas. En todo caso, se pone en riesgo el patrimonio familiar.

El seguro de vida en caso de muerte, es un producto que obtienes para tu familia y seres queridos y que te permitirá lograr entre otros:

+ Reemplazar, por cierto tiempo, los ingresos del fallecido.

+ Tener los fondos necesarios para los gastos del funeral

+ Crear una herencia para familiares y tus seres queridos.

+ Pagar los impuestos de sucesión.

La decisión de tomar el seguro correcto con la cobertura indicada y mejores condiciones, no tiene que ser una situación difícil. Con la ayuda de un profesional, corredor de seguros o planificador financiero deberías poder, no sólo tomar la decisión de cuáles necesitas, sino contratar las pólizas de seguro lo más rápido posible. Estos procesos generalmente no duran más de una semana.

Contacta a un corredor de seguros hoy y asegúrate de que te has cubierto correctamente.

Al contrario de la mayoría de los seguros que ayudan al tenedor de la póliza a prevenirse o a recuperarse de un evento que le afecte directamente su economía, el seguro de vida en caso de muerte, es para beneficio sólo de los beneficiarios.

Seguros de bienes materiales: Los seguros de propiedad son diversos y están dirigidos a proteger cualquier tipo de bien material (carro, casa, obras de arte, muebles o algún otro artículo de valor).

Como has podido observar son diversas las pólizas de seguro que ofrece el mercado…Y, recuerda, cuando aseguras un bien, proteges tus finanzas personales.

Ley # 3
PÁGATE A TI PRIMERO

Guarda al menos el 5% de tus ingresos.

La mayoría de las personas con problemas económicos primero pagan los impuestos, tarjetas de crédito, el carro etc., en fin, privilegian el abono a sus deudas. Y, muy probablemente, a final de mes no tienen ningún dinero disponible y mucho menos para ahorrar. Así transcurren los meses y la situación económica sigue igual o peor. Cierto?

Has tenido algún familiar enfermo que necesite de tu ayuda económica para mejorar? Has tenido alguna emergencia que necesite de ingresos extras para solucionar el problema? Cómo haces pagar mensualmente los impuestos? Cómo has logrado pagar la hipoteca todos los meses a pesar de los momentos económicos difíciles. Siempre encuentras la solución, verdad? Y has encontrado la solución por la sencilla razón de que te ves obligado a buscarla. No tienes otra salida.

No ahorramos ni invertimos por la sencilla razón de que no es una prioridad para la mayoría de las personas. Mientras que no sea una prioridad siempre habrá una excusa para usar el dinero en otra cosa.

Bueno, a partir de este momento será diferente. Usarás una herramienta muy poderosa y efectiva: Pagarte a ti primero.

Empieza con tu presupuesto mensual. A principio de cada mes, cuando te sientes a escribir los cheques para la luz, el teléfono, tarjetas de crédito, seguro, escribe un cheque a tu nombre por la cantidad que hayas previsto para los próximos 6 meses y deposítalo en una cuenta de ahorro.

Si es posible inicia tu hábito de ahorro con un mínimo equivalente al 5% de tus ingresos brutos, aunque lo ideal es un mínimo del 10 %; pero si no puedes, comienza con la cantidad que verdaderamente puedas ahorrar, no importa lo pequeña que pueda ser, lo importante es que no falles. Cuando hayas desarrollado el hábito y el disfrute de ver tu cuenta de ahorro crecer, también verás crecer tu ahorro mensual, porque harás todos los esfuerzos que se requieran para aumentarlos.

No permitas darte la excusa de que no tienes suficiente para pagarte a ti mismo, la realidad es que nunca lo tendrás si no haces el esfuerzo. Si no te lo propones siempre existirá una excusa para no ahorrar. TU? TU ACREEDOR MAS IMPLACABLE.

Ahorrar dinero es un concepto básico de las finanzas personales y del éxito económico. Sin embargo, muchas personas no tienen un plan formal de ahorro. Sin un plan, la probabilidad de lograr las metas financiera o lograr la paz económica son muy pocas. "Si no puedes ahorrar entonces la tranquilidad y paz económica no están en tu destino".

En su propósito de brindarnos tranquilidad económica, el ahorro debe cumplir varias funciones, las dos más importantes para quienes tienen pocos recursos son: 1) Ahorrar para pagar, entre otros, la inicial de una casa, un carro o cualquier otro bien que pretendamos adquirir, pagar las tarjetas de crédito y, 2) Ahorrar para formar un fondo de reservas o fondo de emergencia, el se debe destinar exclusivamente para cubrir emergencias, grandes imprevistos, como cuando se pierde el trabajo o un gasto médico y en ese momento no se dispone de liquidez. Cada tipo de ahorro debe llevarse en cuentas separadas.

Recuerda esta ley, págate primero para que nunca te falte dinero y la Paz Económica será para ti.

LEY # 4
CREA RESERVAS LIQUIDAS

Los fondos de reserva son parte vital de todo plan financiero y necesario para la estabilidad económica, veamos por qué:

Desafortunadamente nadie está exento de tener que afrontar en algún momento de la vida una emergencia... y toda emergencia implica gastos, mayores o menores, pero siempre: dinero. Si al momento de la emergencia no dispones de un "fondo de reserva", es muy factible que te veas forzado a recurrir a préstamos que tal vez te tome mucho tiempo cancelar y, peor aún, que tengas que pagar una cantidad mayor de la que recibiste debido a los altos intereses, es como, por ejemplo, si tuvieras que pagar durante 3 años la comida que has comprado hoy y con intereses.

Cuando no se dispone de reservas líquidas para afrontar de inmediato cualquier evento inesperado, como podría ser una enfermedad, desempleo, divorcio o un accidente que no lo cubra un seguro, lo más probable es que estos eventos afecten de manera importante la vida personal-familiar y financiera de quien haya sufrido ese imprevisto.

Igualmente, cuando no se dispone de reservas líquidas se alejan las oportunidades de hacer buenos negocios con lo cual incrementarías tu ingresos.

La meta del fondo de reserva debe ser muy clara: Para cubrir emergencias (gastos imprevistos) y/o para aprovechar una buena oportunidad para incrementar los ingresos. Tener claro qué es una emergencia y no una simple justificación para usar dinero del fondo, y tener claro cuándo se trata de una "oportunidad de incrementar los ingresos". Si esto no está claro el fondo de reserva está condenado a desaparecer y con ello lo más seguro es que vayas al descalabro económico.

¿Cómo construir un "fondo de reserva"?

Para construir un fondo de reserva que cumpla de verdad su función, se requiere muchísima disciplina y, en muchos casos, hasta de sacrificios, pero te aseguro que vale la pena. Debes ingeniártelas para depositar, ahorrar, por lo menos, entre el 5% y el 10% de tu ingreso mensual y mantenerlo en la cuenta... Esto es bastante difícil al principio porque las necesidades y/o las tentaciones siempre están presentes y si las obedecemos siempre encontraremos una justificación para retirar dinero del fondo.

Ese ahorro mínimo del 5%-10% de tu ingreso mensual, debe ir en aumento ó debes aumentar tus ingresos para que ese monto represente una cifra de ahorro mucho mayor. El objetivo es que el fondo tenga un mínimo equivalente - de 3 a 6 meses de tus gastos mensuales, esto es, que si tus *gastos mensuales* son, por ejemplo, de **$ 2,500**, tus reservas deben oscilar, por lo menos, entre $ 7,500 a $ 15,000. Y, por supuesto, a medida que tus reservas aumenten, aumentan tus posibilidades de cubrir eventuales emergencias sin afectar de manera importante tus finanzas y también tus posibilidades de aprovechar buenos negocios.

Claro está, que dependiendo de la relación ingresos-gastos de la persona, ésta debe estructurar su plan financiero, unas con mayor esfuerzo que otras, pero lo importante es comenzar a hacerlo; no importa si tu circunstancia financiera sólo te permite iniciar tu fondo con una "pequeñísima cantidad... Te aseguro que es muy gratificante ver crecer, aunque sea lentamente, el fondo de reserva... lo importante es ubicarte en el camino de tu paz financiera.... **No creas en el falso mito de que no tienes suficiente para empezar .** *Recuerda, cualquier cantidad, por pequeña que sea, sirve para comenzar tu fondo de reserva.*

Propósitos - beneficios de un fondo de reserva

Los fondos de reservas tienen dos grandes propósitos - beneficios:

1. Cubrir gastos no previstos (Emergencias)

2. Aprovechar oportunidades de inversión y de negocios.

¿Dónde debemos guardar ese dinero?

Es importante mantener este dinero separado de todas las otras cuentas como chequeras o cuantas de ahorros que usas regularmente para otros propósitos, como vacaciones, mejoras a la casa, compra de un carro, etc. Te recomiendo que lo los primeros 3 meses estén en una cuenta de Money Market y los otros 3 meses en un certificado de depósito renovable cada 3 meses si los interés son mayores. El certificado no solamente te permite ganar más dinero sino que también te ayuda a mantener la disciplina ya que no puedes tocar el dinero hasta que se venza el mismo sin incurrir en una penalidad de intereses. Al tenerlo en un certificado de 3 meses puedes todavía utilizar los 3 meses de la cuenta de Money Market mientras que cancelas el certificado y esperas su vencimiento.

... *"Un fondo de reserva, que por lo menos respalde 6 meses de tu presupuesto mensual, te brinda una experiencia de vida a todo nivel personal, familiar, emocional y financiero que te llena de paz y seguridad, que bien vale cualquier sacrificio para lograrlo."* Adelante!!!

Ley # 5
ESTABLECE METAS CLARAS

El logro es uno de los sentimientos más fuertes y positivos que podemos experimentar como seres humanos y, las personas exitosas tienen en común que sus metas son claras y realizables y que enfocan su energía y disciplina a conquistarlas. Sin metas no hay dirección y sin dirección no hay progreso.

Una de las razones por la cual las personas no logran la Paz Económica es porque no se han trazado esta meta y mucho menos se han establecido un plan, una estrategia, para lograrla. En el área de las finanzas personales he tenido la experiencia de que muchos de mis clientes no tienen claro ni siquiera cuál es el mínimo de ingreso que se proponen producir en un período determinado. Cuando les he preguntado, por ejemplo, "¿Cuánto dinero te propones producir en los próximos 12 meses?" la respuesta más frecuente es: Mucho. En ese momento me doy cuenta que no existen metas ni un plan para lograrlas.

Por otra parte, he observado que muchísimas personas creen que tienen sus metas claras cuando se propone cambios repentinos y radicales en sus vidas, piensan que cualquier meta que se propongan se puede lograr muy rápidamente, y, para ello se imponen un plan "agresivo" de cambio, con lo cual lo único que se aseguran es una tremenda frustración y terminan abandonando cualquier esfuerzo.

Sabes cuántas personas nunca se han planteado metas en su vida? Miles. Sabes cuántas personas quisieran una vida mejor? Miles también. Si, miles son las personas que pasan su vida sin tener idea ni siquiera de lo que quieren. Cuántas veces tu padre o madre te preguntaron qué querías lograr en la vida? Cuántas veces se sentaron contigo y dijeron O.K. vamos a trazar un plan para lograr esa meta que tanto deseas?. Probablemente nunca. Y esto pasa en infinidad de familias y desafortunadamente el sistema educativo formal tampoco contribuye a concientizar al estudiante para que, desde muy temprana edad, se vaya planteando qué quiere ser en la vida y qué debería hacer para lograrlo. Muchos son los jóvenes que salen de la escuela y de la universidad sin tener claro hacia dónde van a dirigir sus esfuerzos, sin saber la importancia del manejo adecuado de las finanzas personales para el logro de nuestras metas.

Sin metas, cuál es el propósito de nuestro trabajo? Cómo enfocamos nuestros esfuerzos? Cómo sabemos lo que estamos buscando? Cómo planificamos nuestras actividades? Cómo pedimos o buscamos ayuda? Cómo desarrollamos nuestras habilidades y cómo sabes qué habilidades debes desarrollar si no sabes a dónde vas y qué quieres? Cómo podemos cambiar nuestro mañana si no sabemos a dónde queremos ir?

Esfuerzo sin metas claras es el camino más seguro para permanecer siempre en el mismo lugar.

Por eso uno de los restos más importantes en la vida de toda persona es tener claras sus metas; metas que sean realizables, metas que se vayan adaptando al tiempo, recursos y habilidades disponibles en cada momento.

5 PALABRAS, PUNTOS CLAVE PARA LOGRAR LAS METAS

1. Precisión. Tener muy claras las metas que queremos lograr.

2. Enfoque. Concentrar tu esfuerzo para alcanzar las metas propuestas. Dirigir tu energía para hacer realidad tus sueños. Cuanto más te concentres en lograr tus metas, más probabilidades habrá de que tu vida presente sea placentera, tranquila y tu retiro más digno.

PARA MANTENER EL ENFOQUE

- Mantén una copia de tus metas en la cartera, oficina, carro, computadora, nevera.

- Crea un mapa del tesoro.

- Traza pequeñas metas todos los días.

- Haz las metas personales.

- Comparte tus metas con otras personas.

3. Disciplina. La disciplina canaliza el esfuerzo, obliga a utilizar correctamente el tiempo. Cuando hay disciplina hay tiempo para el trabajo, para la productividad económica, para el estudio, para la familia, para la recreación y para el descanso. Si regularmente sacrificamos alguno de estos aspectos, algo está funcionando mal. La disciplina desarrolla el hábito de hacer las cosas bien y en su justo momento y nos hace adicto al éxito.

4. Excitante. El camino hacia el logro de tus metas debe ser tan excitante como el logro de las metas. La mayoría de la gente que se esfuerza por lograr sus metas, disfruta, se entusiasma por lo que está haciendo y espera con ansiedad el momento de alcanzar la meta y cuando la alcanza ya no tiene tanto entusiasmo. Ese patrón hay que cambiarlo, el disfrute debe tenerse tanto antes de lograr las metas, como después que

se logran, pues ello es un reconocimiento a nuestro esfuerzo, a nuestra disciplina. Debe ser como el del niño que espera con emoción el juguete de sus sueños y cuando lo recibe, su emoción es mayor, casi no lo puede creer. Has visto la mirada y la sonrisa de un niño que recibe el juguete de sus sueños? Es una experiencia hermosa. Ahora que eres adulto también puedes seguir experimentando esa sensación.

El camino hacia la Paz Económica debe ser tan excitante, tan emocionante, como cuando se alcanza ese bienestar. Imagínate libre de preocupaciones económicas... Esto debe ser para ti una experiencia hermosa!!! Es muy importante porque la meta alcanzada comprueba tu esfuerzo y disciplina y tu emoción es el reconcomiendo a ellos !!! De aquí nace la pasión por lo que eres y tienes y por lo que quieres construir.

5. Pasión: Esta es quizá la clave, el factor más importante para el logro de tus metas. Debes tener una pasión por lograr lo que te propones. Sin la pasión es prácticamente imposible lograr nada. Cuando existe una pasión por lograr algo no hay nada que te detenga. Cuál es tu pasión por alcanzar una meta? Los mejores artistas, atletas, ejecutivos han logrado llegar a ese nivel no sólo por el talento sino más importante por una pasión infinitita por ser cada vez mejor.

PASOS PARA LOGRAR LA PAZ ECONÓMICA:

1. **Crea un Plan**: Propósito definido con intenso deseo de lograrlo

2. **Impleméntalo**: El plan debe ser expresado en acción continua

3. **Ten la actitud mental correcta**: Una mente cerrada a todo tipo de pensamiento e influencia negativa de amigos, compañeros de trabajo y familiares.

4. **Asóciate bien**: Asociaciones estratégicas con una o más personas que te ayudarán a mantener la disciplina.

Nadie ha logrado resultados importantes sin antes haberse trazado una meta, ¿Cuál es la tuya? ¿Comprar una nueva casa, carro, abrir una cuenta de ahorro, pagar tus tarjetas de crédito, hacerte millonario, buenos estudios?. Cualquiera que sea tu meta debes tenerla clara y escribirla. Escribe en las siguientes líneas en orden de prioridad las 5 metas financieras más importantes para ti.

1._____

2._____

3._____

4._____

5._____

Así que establece con claridad tus metas, enfócate en ellas y sé persistente. Mira tu lista diariamente varias veces al día, especialmente al despertarte y antes de acostarte; así le podrás transmitir el mensaje a tu subconsciente y se convertirá en un hábito que te ayudará a hacer realidad tus sueños. Y, para hacer los sueños realidad y sentirte orgullosa y satisfecha contigo es imprescindible que sepas a dónde quieres ir, cuáles son tus metas y estés dispuesto a luchar para lograrlas.

Y, si tu meta es la paz económica, tienes en tu mano el primer aliado para lograrla: Este libro.

La vida esta supuesta a ser emocionante, alegre y llena de retos a conquistar. ¿Qué quieres lograr hoy?

Ley #6
OPERA BAJO UN PRESUPUESTO

"El presupuesto y su cumplimiento es la base fundamental de todo éxito financiero". Orlando Montiel

EL PRESUPUESTO COMO HERRAMIENTA FINANCIERA PARA ALCANZAR LA PAZ ECONÓMICA

¿Qué es un presupuesto?

El presupuesto es la herramienta financiera más efectiva y sencilla que está al alcance de cualquier persona. Consiste en un plan, tabla o programa donde en función de nuestros ingresos reales, establecemos nuestros gastos ordinarios y extraordinarios. Este plan, por lo general, se propone mensualmente; y, el presupuesto que conduce a la Paz Económica es aquél donde la correlación entre los ingresos y los egresos, es = Ingresos > Egresos. Si logras tener éxito en tu presupuesto, lograrás tener paz económica.

Hasta las compañías más grandes y exitosas del mundo, las cuales manejan trillones de dólares, operan bajo un presupuesto. ¿Es divertido hacer un presupuesto mensual, trimestral y/o anual?. Definitivamente NO. ¿Qué tiene de divertido ver dónde y cómo gastaste el dinero y contabilizar tus gastos? ¿Cuán divertido puede ser sentarse a administrar y organizar las categorías de gastos de la casa? Sin embargo, el camino hacia la paz económica comienza con la elaboración de un presupuesto por cuanto es el instrumento que nos indica si la relación ingreso > egreso se mantiene, con lo cual se tiene la garantía de poder cumplir completa y oportunamente con las obligaciones ordinarias (colegio, vivienda, alimentación, ropa, seguro, vacaciones, retiro) o, por el contrario, nos puede advertir oportunamente, que esa correcta relación se pueda estar afectando negativamente, lo cual es contrario a la PAZ ECONÓMICA.

Sin un presupuesto es prácticamente imposible controlar tus gastos y sin poder controlar tus gastos no puedes lograr la Paz Económica. El presupuesto como elemento imprescindible en el logro de la PAZ ECONÓMICA, tiene como propósito exclusivo orientarte en el manejo de tus finanzas para que se cumpla la debida relación: **INGRESOS > EGRESOS**. Si esta relación falla, es imposible lograr la PAZ ECONÓMICA.

Son innumerables las personas que viven sin tener un control de sus ingresos y gastos, que no siguen un presupuesto; de allí, que resulta comprensible saber por qué tantas personas, independientemente del volumen de sus ingresos, viven en una permanente angustia y preocupación económica: No tienen control de sus ingresos y egresos. No siguen un presupuesto.

Convencido como estoy de la importancia del presupuesto y su cumplimiento para lograr la paz económica, la primera pregunta que acostumbro hacer a mis clientes es si ellos llevan un control de sus ingresos y egresos, si manejan sus finanzas conforme a un presupuesto, la respuesta más común es: NO.

Peor aún, para muchos ni siquiera está clara la idea de lo que es un presupuesto. Entonces, uno se pregunta, cómo se puede alcanzar la paz económica, si no hay "manejo" de las finanzas; si sólo hay un entrar y salir de dinero sin un objetivo preestablecido; el propósito es pagar algunas deudas, dejar pendiente otras y si se puede comprar algo nuevo aunque sea a "crédito"... Buenísimo... mientras no llega la factura. Se trata al dinero como dicen aquellos dichos latinos "como va entrando va saliendo"... "Ya Dios proveerá"... Pero el proverbio que lleva a la Paz Económica es aquél que dice: "Cuida los centavos que los dólares se cuidan solos".

Independientemente de cuáles sean tus ingresos, $20,000, $200,000 o $2,000,000 dólares al año, el presupuesto es otro de tus aliados para lograr la Paz Económica.

Para que el presupuesto resulte exitoso, sólo se requiere claridad en cuanto a cuáles son tus ingresos mensuales reales, el establecimiento de metas claras y alcanzables y una disposición inquebrantable de cumplir y supervisar tu presupuesto, para hacer los ajustes que fueren necesarios.

Esta herramienta aunque fastidiosa, es sencilla y constituye el mapa para crear el resto de la estrategia financiera. La idea _no_ es que te conviertas en un fanático y esclavo de tu presupuesto y cuentes cada centavo que ganas o gastas, sino que tengas la organización adecuada para que puedas controlar tus finanzas.

Benjamín Franklin decía, que si ganas mil dólares y gastas mil y un dólar vivirás en miseria, sin embargo si ganas mil dólares y gastas novecientos noventa y nueve vivirás con tranquilidad.". En los Estados Unidos el 70% de las personas vive exclusivamente de su salario y muchas de ellas en el año 2005 de cada $1 que ganaron gastaron $1.02. . En mis seminarios suelo decir: "Recuerdan cuando ganaban $1,000 al mes, que decían, si ganase $2,000 pudiera vivir perfectamente; ahora ganan $2,000 o más y el problema sigue siendo el mismo con la diferencia que ahora las deudas son mas altas. El problema no son los ingresos, el problema radica en la administración y planificación de ese dinero que ingresa con respecto de las necesidades y gustos a satisfacer. Y el presupuesto es un invalorable recurso para esa buena administración y planificación.

El objetivo básico y principal del presupuesto es "monitorear", supervisar, los ingresos y egresos para asegurarse que los gastos siempre sean menores que los ingresos. Luego, planificar cuál será el mejor uso del dinero "sobrante" para lograr los objetivos financieros.

No es posible manejar las finanzas personales eficientemente sin un plan o presupuesto, es por esta razón que todos lo necesitamos.

PILARES DEL PRESUPUESTO EN LAS FINANZAS PERSONALES

El presupuesto de las finanzas personales se sustentan sobre tres pilares: 1) **FINANZAS DEL DÍA A DÍA**, 2) **PROTECCIÓN** y 3) **INVERSIÓN**.

- ◆ PILAR # 1: FINANZAS DEL DÍA A DÍA. Este pilar de las finanzas del día a día se apoya en el manejo y control de las reservas y presupuesto mensual. Este te permite dirigir tus finanzas hacia la obtención y realización de cosas que te dan satisfacción y placer día a día, en tu vida cotidiana.

- ◆ PILAR #2: PROTECCIÓN. Este pilar está dirigido a la previsión ante eventuales catástrofes financieras, de salud, etc. Bajo este pilar el presupuesto está orientado hacia la contratación de pólizas de seguros.

♦ PILAR #3: INVERSIONES. Con base en este pilar el presupuesto se dirige a distintos tipos de inversión: Compra de una vivienda, acciones en la bolsa de valores, cuentas de ahorro, retiro, el pago de la universidad a tus hijos, o planificación de alguna otra meta a largo plazo, entre muchos otros.

CARACTERÍSTICAS DEL PRESUPUESTO

Hay seis elementos básicos que debemos tomar en cuenta a la hora de establecer un presupuesto:

1. **Tiene que ser escrito:** Si no está escrito no puedes determinar con exactitud cuáles son los ingresos y egresos. Es literalmente imposible tener un presupuesto sino se lleva por escrito.

2. **En la elaboración del presupuesto debe participar el grupo familiar:** Esto se refiere a los casos donde el presupuesto afecte a más de una persona. Las estadísticas demuestran que la causa número uno de discusión entre las parejas y por la cual muchos matrimonios fracasan es por el dinero. Cómo podemos prevenir este problema? La respuesta es comunicación. Usar el presupuesto como herramienta de comunicación. Las personas que dependan de los ingresos del presupuesto deben participar juntas (la pareja, los hijos cuando ya tengan criterios claros acerca del uso correcto que debe dársele al dinero). A los niños se les debe

inculcar los fundamentos del dinero desde muy temprana edad, cinco a seis años es ideal.

3. **El Presupuesto debe ser revisado periódicamente (Muy importante):** Al principio de cada mes se debe clarificar cuál es la meta y revisar el progreso del mes anterior y mejorar los puntos en que se falló. Es aquí donde fallamos, empezamos el primer mes con mucho ánimo y después de unos días no nos ocupamos, estamos cansados o atareados y no dedicamos tiempo para revisar el presupuesto, de allí en adelante empieza a decaer la eficiencia del mismo y de nuestras finanzas... Recuerda el prepuesto es la base de la PAZ ECONÓMICA.

4. Debe ser sencillo: Es muy fácil. Primero debes tener muy claro cuántos son tus ingresos reales. Luego establece cuánto puedes gastar este mes, sigue el plan, gasta menos de lo que ganas y repite la misma operación el próximo mes. Recuerda que tu presupuesto debe ser fácil, muy práctico y, sólo para el caso de que realmente pudiera serte útil, en el mercado existen varios Software y hojas Excel que te pueden ayudar a organizar tus finanzas. LO IMPORTANTE ES ELABORAR TU PRESUPUESTO YA!!!

5. Debe ser "hecho a la medida": Tu presupuesto es una herramienta personalísima, diseñada especialmente por ti y tu grupo familiar, si fuere el caso. Sólo tú conoces tu realidad financiera, tus ingresos reales - que son los únicos sobre los

cuales puedes programar tus gastos ordinarios y los posibles extraordinarios.

A propósito del presupuesto "hecho a la medida", vale destacar el caso de personas cuyos ingresos no son fijos, no son previamente cuantificables, tales como son los ingresos de los vendedores a comisión, los dueños de establecimientos de consumo al detal y al mayor, los profesionales de libre ejercicio. ¿Cómo establecer su presupuesto?

Generalmente los vendedores, dueños de negocios, profesionales de libre ejercicio, tienen ingresos no predeterminados, son variables e indeterminables en el tiempo. En estos casos el trabajador y su grupo familiar necesitan ser muy disciplinados en el "manejo" de sus ingresos. Debido a la tendencia impredecible del momento y de la cantidad del ingreso, hay que aplicar el principio bíblico en el sentido de que hay que ahorrar con severa disciplina en los días "fastos", días de productividad, para que cuando lleguen los días "nefastos", no productivos, podamos cubrir nuestras necesidades y satisfacer nuestras metas, sin angustias. La elaboración de un buen presupuesto y su aplicación disciplinada son esenciales para el éxito de las personas con ingresos indeterminados y variables.

De acuerdo con las estadísticas, este tipo de familia tiene tres grandes características negativas, por lo cual es de suma importancia que tomen conciencia de la conveniencia de elaborar y cumplir disciplinadamente su presupuesto, como única vía de alcanzar la Paz Económica:

1. Gastan más que sus ingresos promedios la mayoría de los meses.

2. Se quedan sin dinero incluso cuando el dinero es el promedio.

3. Los ingresos que reciben son para pagar gastos de compromisos adquiridos en meses anteriores y parece que el dinero nunca les alcanza, inclusive cuando ganan más que un asalariado.

Si este es tu caso y te propones alcanzar la Paz Económica, es imperativo que elabores tu presupuesto de acuerdo con tu ingreso mensual promedio, es decir, divides lo que ganas, por ejemplo, en tres (3) meses y ese resultado es tu ingreso promedio mensual o, por ejemplo, lo que ganas en un (1) año y lo divides entre 12, el resultado es tu ingreso mensual... Cualquiera sea el caso, deberías fijarte como reserva inicial, como protección ante eventuales imprevistos, un mínimo de ahorro equivalente a cuatro (4) o seis (6) de ingresos mensuales promedio.

Algunas personas me preguntan: "Cómo puedo lograr esta reserva de 4-6 meses si no tengo los ingresos necesarios", la repuesta es: **PLANIFICANDO, ELABORANDO TU PRESUPUESTO.** Algunas personas o familias deberán hacer mayores sacrificios que otras, pero te aseguro que una vez que lo logres, comenzarás a transitar el camino de la Paz Económica. Ajustar aún más tu presupuesto puede ser duro, pero **SI SE FIJAS METAS FACTIBLES DE ALCANZAR, TE ORGANIZAS, ELABORAS TU PRESUPUESTO, LO CUMPLES y HACE LOS AJUSTES MENSUALES NECESARIOS, TE ASEGURO QUE EL SACRIFICIO SERA TEMPORAL... y BRILLARA LA PAZ ECONÓMICA.**

Después de calcular el presupuesto mensual promedio y tener una reserva de 4-6 meses entonces deber dar un margen de error de ingresos de al menos 7%-10% mensual. Cuando este ejercicio se hace correctamente deberías terminar el año con entre 5-7% de tus ingresos ahorrados.

¿Cuántas veces has creado un presupuesto mensual y anual para sólo verlo tirado o arrimado en algún lado de tu casa u oficina después de un par de días o meses?. La razón principal es que la mayoría de las personas que dejan en el olvido el presupuesto no piensan que se han trazado un plan con un objetivo claro en mente. Piensan en lo fastidioso y desmoralizador que es no lograr las metas en el tiempo indicado.

El ingrediente principal para que tu presupuesto mensual se lleve a cabo disciplinadamente es tener tus metas claras, metas factibles de alcanzar y tenerlas **SIEMPRE PRESENTE, SIEMPRE EN TU MENTE**; consciente de que será difícil por un tiempo, sólo por un tiempo; de lo contrario no sería una herramienta para alcanzar tu Paz Económica; se convertiría en un elemento perturbador de tu tranquilidad y para tranquilizarte terminarías arronjándolo al cesto de la basura, lo engavetarías.

6.- **Debe ser flexible:** El presupuesto deber tener cierta flexibilidad y como creador del mismo debes saber que deberás hacer ciertos cambios y ajustes mensualmente. Ciertos gastos extras y ahorros en ciertas categorías te ayudarán a balancearlo y ajustarlo. El presupuesto es una herramienta que te traerá Paz Económica, no debe ser una amenaza a tu tranquilidad. Esto significa que es una herramienta que te ayuda a controlar tus finanzas no debe ser un mecanismo que te controla a ti.

EFECTOS DE UN BUEN PRESUPUESTO

1.- El presupuesto te *dirá si la relación ingreso – egreso, se mantiene correcta, es decir, INGRESO > EGRESO,* lo cual determina tu éxito financiero. Muchas personas no saben que están gastando mucho más de lo que ganan debido a que se apoyan en el crédito para mantener su estilo de vida. El presupuesto erradica este problema. El presupuesto te permite saber cuánto dinero tienes, cuanto ha gastado y en que, cuanto te queda para invertir o seguir ahorrando y que tan cerca o lejos estas de conseguir tus metas financieras. Como dice George Eliot, el conocer cómo administrar, ahorras y gastas tu dinero es el primer paso para controlarlo.

2.- En muchos casos el presupuesto te puede ayudar a salir de las deudas o mantenerte fuera de las deudas.

3.- El presupuesto te ayuda a alcanzar tus metas financieras porque es una guía que te ayuda a *determinar la dirección en la que vas financieramente.* Es una guía que te ayuda a determinar el progreso y la cercanía de tus metas financieras.

4.- El presupuesto te permite **controlar tu dinero,** en vez del dinero controlarte a ti.

5.- El presupuesto ayuda a toda la familia a mantenerse enfocado en una meta común. En muchos casos ayuda a la pareja a unirse aún más por la comunicación que se establece a través del mismo.

6.- Te ayuda a prepararte financieramente en caso de emergencias o gastos inesperados que de otra forma hubiesen creado un stress financiero muy grande.

7.- El presupuesto te da PAZ ECONÓMICA porque no tienes que preocuparte tienes un plan y una guía para alcanzar tus metas financieras. Sabes lo que quieres, saben a dónde vas y estás en camino a lograrlo.

¿Cómo se elabora un presupuesto?

Empieza por crear una hoja donde listes las categorías de gastos. Para ayudarte en este ejercicio puedes ver nuestra página de presupuesto o ir a través de tu chequera y tarjetas de crédito para que veas donde tienes gastos recurrentes, todos estos gastos deben ser incluidos en alguna categoría en tu presupuesto mensual.

CATEGORÍA	PRESUPUESTO MENSUAL	MONTO ACTUAL	DIFERENCIA
INGRESOS			
Salarios y Bonos			
Intereses			
Inversiones			
Otros ingresos			
Ingreso total			
IMPUESTOS:			
Impuestos federales			
Impuestos locales y estatales			
Seguro social/Medicare			
Total de impuestos			
Ingresos Netos			
GASTOS:			
CASA:			
Hipoteca o Renta			
Seguro de la casa			
Impuesto sobre la propiedad			

Gastos de reparación/ mantenimiento y asociación.			
UTILIDADES:			
Electricidad			
Agua			
Gas			
Teléfonos (regular y celulares)			
COMIDA:			
Supermercado			
Restaurantes, almuerzos en el trabajos, meriendas			
OBLIGACIONES FAMILIARES:			
Sustento de los niños			
Day Care, Cuidado de los niños			
SERVICIOS MÉDICOS/SALUD:			
Seguros (medico, dental,)			
Co-pagos en visitas medicas			
Membrecía a gimnasio			
TRANSPORTE:			
Cuota mensual del carro			
Gasolina			
Reparación y mantenimiento			
Seguro			
Otros gastos (autobús, metro, taxis.)			
PAGOS DE DEUDA:			
Tarjetas de crédito			
Prestamos universitarios			
Otros prestamos			
ENTRENAMIENTO:			
Cable /Videos/Películas			
Gastos de computadora			
Hobbies			
Subscripciones			

Vacaciones			
MASCOTAS:			
Comida			
Limpieza, veterinario			
ROPA:			
INVERSIONES Y AHORROS:			
401(K)or IRA			
Acciones/Bonos/Fondos Mutuales			
Cuentas de ahorro			
Fondo de Emergencia			
OTROS GASTOS:			
Donaciones			
Regalos			
Otros			
Total de gastos e inversiones			
Exceso o escasez (Ingresos netos menos gastos totales e inversiones)			

La siguiente es una lista de ideas para balancear tu presupuesto.

+ Cancela subscriciones a revistar que no son indispensables.

+ Cuando vayas al supermercado o centro comercial lleva una lista de las cosas que vas a comprar.

+ Paga tus deudas tan pronto como sea posible, esto te ayudara a mantener más ingresos en tu bolsillo.

+ Al comenzar con el hábito del presupuesto, mantén dinero efectivo en tu cartera solamente, guarda las tarjetas de crédito para emergencia.

¿Cómo crear un presupuesto efectivo cuando tu salario no es fijo?

Si tu salario no es fijo con organización un presupuesto puede ser tan efectivo como para las personas que viven de un salario.

Obviamente no todos los meses vas a generar los mismos ingresos, así que la única forma de lograr el éxito con el presupuesto financiero es ahorrando cuando tus ingresos son mayores a tu presupuesto. Esta suena como una sencilla y fácil repuesta sin embargo puede ser un reto para las personas que no están acostumbradas a ahorrar, es aquí donde radica el éxito o el fracaso del presupuesto y financiero.

Sin embargo si te acostumbras a ahorrar, generalmente terminaras con una cuenta de ahorro sustancial al cabo de unos meses.

Cuando hagas el presupuesto asegúrate de no subestimar tus egresos y sobreestimar tus ingresos. Esta es una de las fallas mas comunes que hacen que el presupuesto fracase.

Todos tenemos un presupuesto

Todos tenemos un presupuesto queramos o no, algunos lo creamos a propósito otros simplemente lo siguen de manera desorganizada. La verdad es que todos seguimos un presupuesto concientemente o inconcientemente.

Desafortunadamente para aquellos que no tienen un presupuesto planificado de igual manera siguen uno, el cual es el presupuesto de gastar hasta que el dinero se les agote. Pero igual es un prepuesto, la diferencia está en que cuando uno no lo planifica vive en angustias porque nunca sabes hasta donde alcanzar o si este mes hay suficiente dinero para cubrir las necesidades mensuales.

Un presupuesto efectivo te debería enseñarte constantemente que esta pasando con tu dinero en vez de solo darte reglas las cuales debes seguir ciegamente.

Incluye algo divertido o premio dentro de tu presupuesto: el crear algún elemento de diversión o premio te permitirá mantener la disciplina. Algunos ejemplos son: Una vacación o regalo en particular si logras ahorrar cierto dinero en determinado tiempo debido al presupuesto. No todo puede ser sacrificio.

El presupuesto tiene más que ver con la organización, efectividad y maximización de tu dinero que con el sacrificio de contar y ahorrar cada centavo que ganas o gastas.

Finalmente, no puedo reafirmar suficientemente la importancia de hacer un buen presupuesto. No lo dejes para mañana el mejor momento para empezar es ahora. Al principio es definitivamente fastidioso pero la recompensa ciertamente vale la pena y después de establecerlo y crear el habito te permitirá en ponerte en la vía correcta al logro de la tan desea PAZ ECONÓMICA. Simplemente el saber a donde va tu dinero mensualmente es una gran educación para tus finanzas.

Tarde o temprano tendrás que crear un presupuesto. Te aseguro que nunca te arrepentirás de crearlo y seguirlo.

Distintos métodos para crear un presupuesto

Método del sobre: Este sistema fue diseñado con la intención de crear una categoría para cada gasto y guardar el dinero necesario en un sobre. El problema principal con este método es que hoy en día la mayoría de las transacciones son hechas a través de cheques, tarjetas de crédito y otras transacciones electrónicas como pagos automáticos y transferencias bancarias. Además está el problema de inseguridad y de mantener un dinero en la casa que no está trabajando a tu favor ganando intereses. Era un buen sistema hace 20 o 30 años atrás.

Método de escribir todo tus gastos

Este método se basa en escribir todo lo que gastas. La idea principal es saber donde estas gastando tu dinero lo cual es excelente, pero después de un tiempo la cantidad de información es extensa y finalmente al cabo de un tiempo terminas dejando esta metodología, raramente las personas escriben todo lo que gastan. En mi opinión no es la forma más efectiva de administrar tus finanzas y es como convertirse en esclavo del dinero y no es lo que este libro trata de enseñar.

También hay que tener presente que simplemente mantener un record de lo que se gasta no es un presupuesto. Es simplemente parte de la ecuación. La otra parte es ahorrar y planificar los gastos por adelantado.

La definición de la palabra presupuesto "planificar por adelantado los gastos de...", no es simplemente lo que ya has hecho.

La característica principal de un buen presupuesto es que te permita separar tus ingresos y dividir tus gastos por categorías para mantener una reserva y que mantengas control de tu dinero sin tener que invertir horas de trabajo organizándote.

Un buen presupuesto te permite concentrarte en las decisiones que realmente son importantes como las inversiones, ahorros, el retiro, compras grandes e importantes, etc.

La realidad es que muchas personas asocian el presupuesto con las personas que tienen poco dinero. La realidad es que todos necesitamos un presupuesto. Las compañías más exitosas del mundo con millones de dólares en ganancias también tienen un presupuesto por la sencilla razón de que necesitan un lenguaje común para discutir sus finanzas.

Un concepto erróneo que tienen muchas personas es que creen que establecer un presupuesto es como estar en dieta. Todo lo contrario, el presupuesto es simplemente un plan para establecer la base del éxito financiero.

Hazte las siguientes preguntas:

1. Balanceas tu chequera mensualmente

2. Tienes un presupuesto establecido

3. Tienes un sistema para guardar tus recibos de pago.

4. Tienes deudas.

5. Si tienes deudas, tienes un plan para pagarlas.

6. Tienes inversiones

7. Si tienes inversiones, sabes cuántas cuentas tienes y dónde esta tu dinero?

No le temas el presupuesto. Seguir un presupuesto protege tus finanzas.

Ley #7
EDUCACIÓN FINANCIERA Y PAZ ECONÓMICA

"Sin educación financiera no hay Paz Económica"
Orlando Montiel

En un mundo tan dinámico como el actual, donde el intercambio de dinero por mercancías, productos y servicios, está presente en la vida diaria de cualquier persona, resulta muy importante saber cómo administrar los ingresos.

Estoy convencido de que si nuestras universidades incluyeran en sus programas, "asignaturas para la vida cotidiana", "asignaturas para el manejo correcto de las finanzas personales", la experiencia financiera de muchísimas personas, contrario a lo que hoy se observa, sería de gran bienestar.

La educación financiera tiene tanto valor que puede cambiar hasta el comportamiento que la mayoría de los jóvenes tienen frente al dinero. Es muy común que a la edad de 20 años se viva de sueños e ilusiones, como ser, por ejemplo, un rockero famoso, un atleta de fama mundial, una modelo espectacular, un gran académico; que sólo nos interese comprar para satisfacer nuestros caprichos, pero también es muy común que se viva sin tener conciencia de que nuestro futuro financiero, nuestra paz económica, depende del cuidado, de cómo manejemos el dinero presente.

La idea de la riqueza, la ilusión de ser rico, es efímera porque vivimos en una sociedad donde nunca es suficiente. Mientras más tienes más quieres independientemente de cuán grande sean tus ingresos, así que debes aprenden las reglas básicas para que siempre tengas paz económica y seguridad financiera.

Cosas insólitas se vieron cuando el "boom" del internet, el "boom "inmobiliario, miles de personas creían que se iban a convertir en millonarios de la noche a la mañana. Y, si, muchos lograron hacer grandes, grandísimas, sumas de dinero, pero no todos pudieron conservarlas y/o incrementarlas, ni mucho menos, tienen hoy tranquilidad financiera. Sólo los que tenían educación financiera, preservaron e incrementaron sus grandes ganancias y mantienen hoy día su Paz Económica.

¿Sabes que atletas como Mike Tyson y muchas estrellas del rock han tenido que desmejorar su calidad de vida, casi en la ruina, por el uso indebido de sus grandes fortunas?

¿Sabes que son muchos los jóvenes que por no estar conscientes de la importancia del manejo correcto de sus ingresos han comprometido su presupuesto mensual al tal extremo que al llegar a los 40 años, la única alternativa que tienen es la de la resignación a una vida madura sin poder disfrutar una vida mejor, tranquila y con paz económica? Y, esto es menos alentador cuando lo experimenta una persona de 50 o 60 años donde sus posibilidades reales de una mejor calidad de vida, se hace cada vez más lejana.

Es increíble ver como las personas invierten tanto tiempo cuando van han comprar un artículo de lujo, por ejemplo, un carro. Comparan marcas, fuerza, accesorios, cilindros, colores, estilos, conocen el precio en cada uno de los concesionarios; sin embargo, pasan muy poco tiempo invirtiendo para planificar su futuro financiero y cómo adquirir el carro si le dan el crédito. Lo mismo sucede cuando van a comprar un reloj o planificar un viaje. Pasan horas, días en el proceso y con respecto a cómo pagar por él, invierten 5 a 10 minutos viendo cómo consiguen el crédito o que tarjeta de crédito tiene suficiente para respaldar la compra. Para estas personas existe una relación inversa entre el tiempo invertido comprando artículos de lujo y tiempo invertido planificando su futuro financiero. Cuantas horas invierten estas personas antes de comprar un carro y cuántas horas invierten para planificar su futuro financiero?

El mensaje "financiero" que se ha transmitido por años, a través de las políticas sociales y de la información que te dan en las escuelas, lo podría resumir así, según el grupo socio económico:

1. **Clase Pocos Recursos**: "El gobierno se hace responsable de ti". El Estado mantiene sin educar... Entonces, el mensaje es: No te preocupes por ti, no hagas ningún esfuerzo... Yo te cuidaré siempre. Con lo cual esta persona se hace cada vez más dependiente del gobierno, su autoestima se afecta de manera negativa y lo peor, "aprende" que esa es la vida que le tocó vivir - La desesperanza aprendida.

2. **Clase Media Profesional - Trabajadora:** "Trabaja duro, te ganarás el pan con el sudor de tu frente, ahorra, reduce tus gastos; invierte en fondos mutuales a largo plazo y diversifica tus inversiones y, como recompensa, tendrás un retiro digno.". El mensaje es aplaza todo para un mejor futuro... no existe un presente placentero.

3. **Clase Alta**: El mensaje para el rico: "Estudia y aprende a administrar e invertir el dinero, vive para mejorar tu calidad de vida y logra que el dinero trabaje para ti". El mensaje es mejorar tu calidad de vida.

Como puedes ver, no hay un mensaje dirigido a lograr lo más importante: la Paz Económica.

EDUCACIÓN Y LA SITUACIÓN ECONÓMICA ACTUAL

Es importante reiterar aquí la relación que hay entre la realidad económica de nuestra sociedad y la manera cómo ella puede afectar nuestra vida. Ello se evidencia de situaciones, tales como que:

1.- El índice de ahorro en los estados Unidos para el año 2005 era un negativo 2%. Por primera vez en la historia el índice de ahorro ha llegado a este punto

2.- La familia promedio tiene una deuda de más $10,000 en tarjetas de crédito.

    a. Si pagan el saldo mínimo de cada una de estas tarjetas les tomara casi 40 años en pagar si no la usan mas y no pagan tarde.

3.- Se registra un promedio de más 100,00 bancarrotas mensuales a nivel nacional

    b. Estamos gastando y comprometiendo en dinero que todavía no hemos ganado.

4.- Consejeros de matrimonio afirman que la causa numero uno de divorcio es el dinero.

Allen Greenspand y Donald Trump señalan que la falta de educación para las finanzas personales, en los distintos niveles escolares, es una de las razones por la cual los Estados Unidos se ha convertido en el país con más deudas en el mundo después de haber sido el país más rico del mundo.

De acuerdo con un reciente estudio hecho a nivel nacional miles de estudiantes del "high school" aplazaron un examen en finanzas personales con puntaje promedio de 50% y solo un increíble 4% paso. Lo que es peor es que es que estos resultados son inferiores a lo que fueron 6 años atrás. En 1997 el estudio revelo que el promedio fue de 57% y en el 2002 y 2004 fue de 52%. Este examen fue administrado nacionalmente por la compañía Jump$tart Coalition for Personal Financial Literacy.

EDUCACIÓN Y CAMINO A LA PAZ ECONÓMICA

Las situaciones anteriormente descritas lo que reflejan es la ausencia absoluta de una educación para el manejo de las finanzas personales que conduzca a la Paz Económica; que la escuela no enseña sobre finanzas personales y la labor queda en manos de los padres que por lo general no tienen ni idea sobre el tema.

¿A qué edad debemos enseñar a nuestros hijos acerca del valor e importancia del dinero? Tan pronto como sea posible, mientras más jóvenes, mejor.

Bien seas una estrella de rock, un atleta bien pagado, tengas éxito en el internet o éxito como inversionista en bienes raíces, la educación financiera es lo que hace posible que alcances tu tranquilidad financiera.

De allí que todo lo que hagas para aprender a manejar correctamente tus ingresos se convierte en tu mejor inversión... Te aseguro que el conocimiento, comprensión y aplicación de esta "ley": Educarnos para manejar nuestras finanzas personales, constituye una gran inversión para tu futuro financiero porque en él encontrarás el camino para alcanzar la Paz Económica.

LEY # 8
ACTITUD

El poder de nuestro sistema de creencias es ilimitado, literalmente puede destruir o crear; determina nuestro comportamiento y actitud en cualquier aspecto de nuestras vidas.

Las finanzas son un aspecto importante en la vida de cada persona, por lo tanto, la capacidad de generar, conservar, reproducir los ingresos, la capacidad para alcanzar la paz económica, se verá afectada en un 80% por el comportamiento, la actitud que tengas hacia el dinero y en un 20% por el conocimiento que tengas referentes a las finanzas personales.

Veamos cómo las creencias pueden afectar la actitud hacia el dinero

Si tienes la creencia, por ejemplo, de que el dinero es sucio y que poseer bienes materiales originan catástrofes; si crees que "con tanta pobreza en el mundo no es justo estar económicamente bien", es probable que esas creencias te conduzcan a una vida financiera de mucha escasez y si produces mucho dinero, lo más seguro es que no lo destines para mejorar tu calidad de vida y, por supuesto, mucho menos, para lograr tu paz económica, ya que eso "no sería justo con los pobres del mundo".

A través de mis diferentes seminarios, talleres y cursos, he podido identificar que son muchas las situaciones que se generan en torno al tema del dinero, tales como: "Yo no puedo salir de mis angustias financieras porque no genero suficientes ingresos"; "No sé cómo administrar o invertir el dinero"; "Vengo de una familia muy pobre"; "Vengo de una familia rica que terminó arruinada"; "Pertenezco a una familia con mucho dinero que vive preocupada por perderlo, el dinero es una angustia", sin embargo, esas circunstancias particulares no son la _causa_ de nuestra incertidumbre económica, sino la _consecuencia_ de nuestro sistema de creencias con respecto del dinero.

Es cierto que algunas personas nacieron con ciertas ventajas, bien sea del ambiente en el que se criaron, el tipo de familia, de relaciones, que desde niños han tenido. Sin embargo, constantemente conocemos, escuchamos y leemos sobre personas que con todas las probabilidades en contra, que sobrepasan sus limitaciones y condiciones económicas y han alcanzado la Paz Económica.

Cuando tienes la oportunidad de compartir con esas personas se confirma que nuestro sistema de creencias determina lo que somos y nos ayuda a establecer nuestra escala personal de principios y valores en relación a cualquier aspecto de nuestras vidas, entre otros aspectos, el dinero.

En efecto, nuestro sistema de creencias, determina nuestra escala de valores, la relación con nosotros mismos y con los demás, nos define como personas, lo que hacemos, lo que tenemos, nuestras aspiraciones, nuestras metas.

Es por ello que para lograr la Paz Económica es indispensable que analices tu sistema de creencias y, en consecuencia, tu actitud hacia el dinero, qué significado y utilidad le das, qué asociaciones negativas y/o positivas haces con él, qué calidad de vida piensas que te mereces.

La mayoría de las personas tienen un sistema de creencias dirigido a la insatisfacción permanente, ___auto limitante___; y lo expresan a través de frases como: "No puedo comprar eso" o "No puedo ahorrar tanto"; "Esta compañía me explota", "Mis padres eran muy pobres"; "No pude recibir una buena educación".

Por su parte, el sistema de creencias de las personas que alcanzan sus objetivos, es totalmente opuesto; sus creencias los orienta hacia al logro; tienen un actitud proactiva y asumen la responsabilidad de sus éxitos y fracasos; y lo expresan con frases como éstas: "Que tengo que hacer para comprar eso" o "Qué tengo que hacer para ahorrar cierta cantidad de dinero".

La única manera de hacer que el dinero esté a nuestro servicio para traernos paz y tranquilidad, es pensando que él viene a nuestras vidas a traernos bienestar. Tomemos consciencia de cómo percibimos el dinero y cuál es nuestra actitud y nuestra manera de relacionarnos con él.

No es el propósito de este libro ser una guía para el cambio de nuestro sistema de creencias. Sin embargo, siendo el objetivo de este libro, darte herramientas para alcanzar la Paz Económica, resulta pertinente y útil conocer nuestro sistema de creencias y comenzar a generar cambios en nuestros pensamientos y actitud; por ello te propongo algunas acciones sencillas.

Para tener conciencia de cuáles son tus creencias, cómo percibes al dinero, utiliza las siguientes preguntas:

Qué tipo de sensaciones y/o sentimientos me produce pensar en dinero?

- ✦ Angustia
- ✦ Miedo
- ✦ Inalcanzable
- ✦ Ajeno
- ✦ Generador de problemas
- ✦ Fuente realizadora de sueños

+ Felicidad
+ Solución de problemas
+ Tranquilidad

Todo cambio personal comienza con un cambio en nuestro sistema de creencias; puedes sustituir creencias que reconoces como perjudiciales, negativas o desfavorables a un aspecto en particular, por creencias positivas y favorables, a través de asociaciones placenteras.

Por lo tanto, si tu percepción con respecto al dinero es negativa, hazte las siguientes preguntas:

¿Cuál es el costo de esta creencia en mi vida emocional, espiritual, física y/o material?

Qué consecuencias me traerá en mi relación de pareja?

¿Cuál es el costo financiero?

¿Cómo afecta esta creencia mi relación con mis seres queridos?

¿Cómo me ha limitado esta creencia en mi desarrollo personal, social,

familiar, intelectual y económico?

¿Cómo puede esta creencia afectar mi futuro en cualquiera de sus áreas?

Observa con cuidado qué emociones (placer o displacer) te ha producido el ejercicio previo. Si las emociones son de displacer (dolor, angustia, miedo, cualquier emoción negativa), deberás decidir si te mantienes en el estado actual, a pesar de conocer el daño que esa creencia te produce, o asumes el riesgo del cambio; para lo cual te podrán orientar, por ejemplo, las siguientes preguntas:

¿Qué tendría que creer para poder generar, administrar y reproducir el dinero?

¿Quién de las personas que conozco está en el camino de la Paz Económica?

¿Qué creencias tienen esas personas que son favorables al logro de su meta?

¿En qué se diferencian de mis creencias?

¿Qué beneficios me traería a mi vida si cambiara, por ejemplo, mi concepción acerca del dinero?

¿Cómo me sentiría conmigo mismo si cambio mi creencia actual y logro la Paz económica?

Utiliza toda esa fuente positiva de inspiración para crear una necesidad de cambio hoy mismo.

Recuerda que los resultados de cualquier actividad humana corresponden a una secuencia, que expresados de la manera más sencilla, tienen el siguiente orden:

Pensamientos (creencias) ⊠ emociones ⊠ actitud ⊠ acciones = RESULTADOS

Nuestros pensamientos generan emociones, éstas determinan nuestra actitud y ésta nos lleva a actuar, lo cual produce un resultado. Por ello, es tan importante que tengamos claras nuestra metas ya que éstas ocuparán nuestros pensamientos. Esta secuencia es absolutamente aplicable a cualquier área o aspecto de la vida, bien sea personal o de negocio.

Por esa razón, me complace muchísimo compartir con ustedes este conocimiento: *"Son nuestros pensamientos los que determinan nuestra actitud y es nuestra actitud más que cualquier otro factor el que determina nuestros resultados y nuestro futuro"*.

Por lo tanto, cada vez que tengas un sentimiento negativo, que te encuentres en una mala situación personal, que te sientas insatisfecho por tu salario, que tengas muchas deudas, tienes dos opciones: Sigues con tu esquema de lamentaciones y de empobrecimiento del espíritu o asumes el reto de superar la adversidad. Si adoptas por esto último, piensa: ¿Estoy dispuesto a afrontar y resolver esta situación? Si!!! Entonces: ¿Qué debo aprender de esta circunstancia? ¿Qué debo hacer para superarla? ¿Qué ayuda y/o asesoría debo buscar?

Recuerda que cada situación adversa que nos presenta la vida, es una oportunidad para crecer, para madurar y que en todo caso, es temporal; así que si decidimos escoger ese camino, debemos hacer cambios en nuestro sistema de creencias para que nos permita afrontarlas y resolverlas.

Tu puedes modificar tu sistema de creencias para que tu actitud hacia tus metas sea una actitud positiva, de optimismo y esperanza; elimina la costumbre de hablar en tono pesimista, descalificador, de destacar lo que no tienes o no has podido alcanzar, por expresiones de agradecimiento por todo lo que tienes y puedes disfrutar. La palabra GRATITUD es una gran fuente de energía. Empieza y culmina cada día dando gracias por lo que tienes, recuerda que hay personas menos afortunadas que tú.

Como puedes observar, es más importante tu actitud hacia el dinero que las técnicas o métodos que sepas sobre el mismo. Tu actitud es el factor más importante en el camino hacia la Paz Económica.

Ley#9
INVERTIR

El dinero es como las semillas ... Si las siembras y cultivas, se convertirán en una bella planta o en un hermoso árbol.. Te puedes comer las semillas o puedes sembrarlas... Si decides sembrarlas te colocarás en el camino hacia la Paz Económica.

El secreto para la paz económica no es el monto que inviertes sino la persistencia y disciplina con que haces tus inversiones.

No es la intención de este libro asesorarte en cómo invertir tu dinero. Es un tema extremadamente extenso el cual te presentaré en mi próximo libro. Además cada persona tiene circunstancias y necesidades distintas a la hora de invertir. Sin embargo, es importante que sepas que debes empezar a instruirte en este tema. La forma más eficiente y rápida de hacer crecer tu dinero es invirtiéndolo. Cuando dejamos nuestro dinero en una cuenta de ahorro o certificado de depósito no lo estamos haciendo crecer ya que los intereses que pagan los bancos son muy similares a la tasa de inflación.

Sólo los fondos de reserva, los fondos para emergencia y el dinero para cubrir el presupuesto mensual deberían estar en cuantas bancarias como la de cheques, ahorros y Money Market. El resto del dinero lo debes poner a producir diversificando tus inversiones, claro está, con el debido asesoramiento.

Como he comentado anteriormente, los tres pilares financieros son:

1. El fondo de reserva

2. Asegurar los bienes (Casa, Carro, Salud, Vida)

3. Invertir

El dinero que ganes debe ser distribuido en ese orden. ¿Cuándo invertir? Solamente cuando 1) Tengas un fondo de reservas equivalente a un mínimo de 3 meses; y, 2) Tengas todos tus bienes asegurados (Casa, carro, salud, vida).

He visto a muchas personas liquidar inversiones en los peores momentos, debido a emergencias que no pudieron cubrir por no disponer de un fondo de reserva suficiente y/o por no tener buenas pólizas de seguro.

Entonces el mejor momento para invertir es cuando hayas cumplido con estos 3 pasos:

1. Reservas cubiertas.

2. Bienes personales y materiales asegurados.

3. Tengas información adecuada acerca del tipo de inversión que pretendes hacer y sus niveles de riesgos.

Asumiendo que ya tienes las reservas y tienes los seguros necesarios... entonces hoy es el momento de comenzar a invertir.

Ahora te presento algunas sugerencias para iniciar tu camino a la inversión:

1. Empieza Hoy

Mientras más temprano empieces a invertir más posibilidades tienes de alcanzar tus metas, por las siguientes razones:

♦ Más dinero puedes invertir porque menores son tus obligaciones.

♦ Más tiempo para hacerlo crecer.

+ Puedes arriesgar más buscando un retorno superior porque tienes más tiempo para recuperarte.

+ Aprenderás mucho más: Mientras más temprano empiezas más tiempo tendrás invirtiendo. Si empiezas a los 25 años cuando llegues a los 40 tendrás 15 años de experiencia, si empiezas a los 35 tendrás solo 5 a años de experiencia.

Ilustremos la importancia de empezar a invertir temprano con el siguiente ejemplo:

	Eduardo	Catalina
Fecha de comienzo	25	35
Fecha de culminacion	35	65
Años invirtiendo	10	30
Contribucion mensual	$100	$100
Contribucion total	$12,000	$36,000
Valor aproximado a la edad de 65 Años	$200,065	$149,036

Como lo demuestra el ejemplo anterior, Eduardo empezó a invertir a los 25 años y sólo lo hizo por 10 años. Catalina invirtió por 30 años pero espero hasta los 35 años para empezar. Al momento de retirarse, asumiendo que ambos obtuvieron la misma tasa de retorno Eduardo tiene una suma superior, no porque invirtió más sino porque empezó más temprano. Esto es lo que llamamos el poder del interés compuesto.

2. **Estudia e infórmate antes de invertir:** Muchas personas pasan más tiempo buscando información

a la hora de comprar un carro o un celular que lo que pasan buscando información para un plan de ahorros, inversión o retiro. Hoy en día los inversionistas tienen una gran gama de productos para escoger, acciones, bonos, fondos mutuales, anualidades, bienes raíces, entre otros. Es muy importante que entiendas en qué estás invirtiendo tu dinero para que puedas tomar las decisiones correctas. Es importante que si no tienes ningún tipo de experiencia, te asesores con un planificador financiero que te ayude a organizar tu plan o estrategia, especialmente debes buscar ayuda con aquéllos que no cobran comisión sino un "fee" por asesoría, te sorprenderás de lo valiosa que es esa información y lo accesibles que son esas expertos.

No cometas el error de muchos que por "ahorrarse" $250 en una consulta con un asesor financiero empiezan a invertir siguiendo los consejos de amigos que muchas veces saben menos que ellos mismos y terminan perdiendo tiempo y miles de dólares.

Antes de invertir asegúrate de que sabes las repuestas de cada una de las siguientes preguntas básicas:

- **¿Qué tan rápido puedes recuperar tu dinero? Por ejemplo las acciones, bonos y fondos mutuales** son inversiones liquidas, con esto quiero decir pueden ser vendidas con relativa facilidad en cualquier momento; sin embargo, no existe la garantía de cuánto será tu retorno.

* **¿Qué tasa de retorno esperas ganar con la inversión?** Los bonos por ejemplo prometen una tasa fija mientras que las acciones cambian de valor constantemente.

* **¿Qué riesgo tiene la inversión a hacer?** En toda inversión existe la posibilidad de perder lo invertido y usualmente el riesgo es directamente proporcional a la tasa de retorno que deberías esperar por la inversión.

* **¿Están tus inversiones diversificadas?** Algunas inversiones generan mejores retornos bajo ciertas condiciones. Por ejemplo, cuando los intereses suben, los precios de los bonos tienen a bajar. Diversificar tus inversiones te puede ayudar a minimizar el riesgo.

* **¿Existe algún tipo de ventaja con respeto de los impuestos?** Por ejemplo, los bonos de ahorro del gobierno americano están exentos de impuestos, en algunas transacciones inmobiliarias puedes diferir los impuestos. Si vas a ahorrar para el retiro o para la universidad de alguno de tus hijos, inversiones con impuestos diferidos o libres de impuestos pueden ser las apropiadas.

3. **Establece un plan de inversión automático:** Es muy importante que veas las inversiones como un proceso no como un evento. La disciplina de invertir regularmente ayuda a sobrepasar las fluctuaciones a corto plazo del mercado y te permite mantenerte enfocado en tu meta a largo plazo.

Recuerda las inversiones son el camino más rápido para hacer crecer tu dinero. Debes informarte muy bien antes de tomar el paso y ser disciplinado en tu metodología.

PREVISIONES QUE DEBES TOMAS A LA HORA DE INVERTIR:

1. Ten cuidado con los fondos mutuales. Debes hacer un estudio intenso antes de invertir en uno.

    a. Quién es su manager y su historial.

    b. Cuáles son sus costos de administración, a la hora de comprarlos y venderlos y sus gastos de mercadeo.

2. Si no eres un inversionista profesional, evita "jugar con tu dinero en la bolsa"; es preferible que inviertas a largo plazo en compañías sólidas y que un asesor financiero te ayude a definir la estrategia correcta para ti con respecto a:

a. Diversificación.

b. Tiempo para liquidar la inversión.

c. Expectativas de retorno.

d. Tolerancia al riesgo.

Las acciones por lo general son de alto riesgo y altos retorno. Especialmente a corto plazo tienden a fluctuar tremendamente, así que cuando pienses invertir en acciones, investiga primero y sólo usa el dinero que sabes que no vas a necesitar a corto plazo.

Ley #10
CONTROL DE LAS DEUDAS

**"El momento que decides pagar a crédito has decidido
pagar más"**

Más y más personas en América están utilizando el crédito
para sustentar su estilo de vida. Cada día se utiliza más el
crédito para pagar gastos regulares como la electricidad, el
mercado, gasolina, comidas en restaurantes, entre muchos
otros, lo cual demuestra la dependencia del crédito en
nuestra sociedad.

Las tarjetas no son el único mecanismo de endeudamiento;
también lo son, entre muchos otros, las hipotecas, los
préstamos estudiantiles e impuestos. Todos ellos conducen,
cada vez con más frecuencia, a que el ciudadano promedio
pierda control de sus finanzas. ¿Tiene solución esta
situación? Por supuesto que sí. ? ¿Cómo? Cambiando el
enfoque.

Si, hay que cambiar el enfoque. Las personas que tienen deudas deben enfocarse en cómo producir el dinero que requieren para pagar sus deudas; este enfoque es contrario al de la mayoría de las personas con deudas, que se enfocan sólo en cómo obtener dinero prestado. Pedir dinero parece más fácil que generar más ingreso. Pero pedir dinero prestado para pagar deudas es una garantía para mantenerse endeudado, es sólo una "solución" temporal. Centrarse en cómo generar ingresos, generarlos y utilizarlos disciplinadamente, requiere de muchísimo más esfuerzo, pero es el camino para alcanzar la independencia y solvencia económica: No tener deudas... si las tenemos es porque podemos pagarlas cómodamente.

Cuando se tiene el control de las finanzas personales y se manejan con disciplina, la pregunta obligada antes de comprar cualquier producto es: ¿Es este el momento financiero más oportuno para hacer esta compra?. Si debo recurrir al crédito para adquirirlo, entonces NO es el mejor momento. Es preferible diferir su compra para cuando realmente se pueda comprar de contado. La mayoría de los artefactos que compramos no son necesarios; sin ellos podemos vivir y vivir bien, mientras las finanzas personales mejoran.

Hoy en día la vida moderna brinda a las personas clase media posibilidades para una vida llena de comodidades muy superior a la que disfrutaba John Rockefeller y los grandes millonarios de hace 25 años, hasta un estudiante disfruta de una excelente calidad de vida si la comparamos con las personas ricas de hace dos décadas. No todas esas posibilidades modernas son de primera necesidad, de allí que debemos ser muy prudentes y sólo comprar cuando nuestras finanzas nos los permitan. Es muy importante cuidarse de no hacer comprar compulsivas que llevan a adquirir cosas que no necesitamos y, peor aún que no tenemos con qué pagar.

A mediano y a largo plazo es más gratificante estar enfocado en cómo generar más ingresos, que preocupados en cómo hacer para pagar las deudas.

LO QUE LAS COMPAÑÍAS DE TARJETAS DE CRÉDITO NO QUIEREN QUE TU SEPAS

Pongamos el ejemplo de la compra de un televisor que deseas adquirir pero no tienes el dinero para comprarlo. De pronto te llega por correo una aplicación para una tarjeta de crédito por $2,000 la cual usas para comprar el deseado equipo. La compañía de tarjeta de crédito te exige que sólo pagues el mínimo de $40 dólares mensuales a un interés del 18%. ¿Parece muy buen negocio cierto? ¿Quién no puede pagar $40 dólares al mes por un equipo de televisión?

Analicemos el costo real de este equipo financiado. Cuánto pagarás en interés y cuánto tiempo te tardará liquidar la deuda de $2,000.

El pago mínimo de la mayoría de las tarjetas de crédito es calculado usualmente como porcentaje de la deuda total, generalmente el 2%. Parte de los $40 va dirigido al pago de los intereses y parte va al principal.

En el ejemplo del equipo de televisión 2% del balance son $40. Al 18% de interés el pago seria distribuido de la siguiente manera. $30 (18% dividido entre 360 días = .05% por día multiplicado por 30 días en el mes, multiplicado por la deuda de $2000 es igual a $30 de interés). Los $10 restantes son aplicados a la reducción de la deuda.

Si pagas el mínimo mensualmente tomaría más de 30 años pagar el equipo que inicialmente costo $2,000, el cual será seguramente obsoleto. Los interés al finalizar los pagos serian de $5,000 y costo real del televisor sería de $7,000.

Si por el contrario, hubieses puesto esos $40 dólares al mes en una inversión que generara un interés conservador del 8% anual al pasar los 30 años tendrías más de $60,000 y hubieses ganado más de $46,000 en intereses.

En el primer ejemplo pagaste más del doble por algo que ya ni usas y no te queda nada a cambio. En el segundo ejemplo, tendrías más de $60,000 ahorrados.

Muchas personas se dejan llevar por la oferta de las tarjetas de crédito, que parecen tan buenas que no se deben dejar pasar. La pregunta ¿Son muy buenas, para quién?

Con esto no quiero decir que las tarjetas de crédito no son buenas; lo que puede ser dañino es el mal uso que se haga de ellas. Estas son muy útiles; sin embargo, no ayudan a las personas que no son organizadas en sus finanzas porque el pagar con plástico crea la falsa idea de que no se está gastando el dinero. La tarjeta de crédito tiene un efecto psicológico que produce la ilusión de tener un dinero que realmente no se tiene o del que no se dispone.

Resulta tan fácil comprar un televisor de $1,500 con una tarjeta de crédito… sólo una firma y ya tienes el televisor, por ejemplo. Es un efecto psicológico que definitivamente no ayuda a las personas que están tratando de controlar sus deudas. El comprar en efectivo nos permite tener control de nuestro presupuesto, sólo usamos lo que tenemos. Las tarjetas de crédito aunque tienen un límite generalmente es más alto que el efectivo que cargamos con nosotros a diario.

Definitivamente las tarjetas de crédito facilitan una cantidad de transacciones. Yo personalmente las uso, cuidándome de tener balances bajos en las mismas. Los balances (saldos) bajos que puedas controlar ayudan a construir un mejor crédito lo cual ayuda en la compra de cosas importantes como, una vivienda a una buena tasa de interés.

La familia promedio gasta más del 92% de sus ingresos en pagos a deudas. Lo que esto significa es que estas familias han gastado el dinero que aún no han producido, han comprometido su salario de mañana. Cuando te comprometes a pagar a crédito, estás comprometiendo tus ingresos futuros, literalmente, estás comprometiendo tus esfuerzos futuros para "mantener" el estilo de vida que pretendes darte hoy. Hay un dicho que dice que cuando vives del crédito no estás viviendo el sueño americano simplemente lo estás rentando.

Es imposible construir riqueza y paz económica mientras no controles tus deudas.

LOS 5 ERRORES MÁS COMUNES CUANDO TIENES DEUDAS

Error # 1: No hacer nada. Este es el error más común de la mayoría de los consumidores a plazo, con crédito. Eventualmente estas personas tendrán que enfrentar las deudas. El no tomar acción no resuelve nada. Las consecuencias de no cumplir con el pago de las deudas es terrible: Aumenta la deuda por efecto de los intereses de mora por pago atrasado, se corre el riesgo de que se cancele el crédito y se daña el historial crediticio, lo cual es gravísimo en sociedades de consumo como la nuestra.

Si esta es tu situación, toma acción ahora. Confronta las deudas y toma control. Organiza como debes pagarlas en orden de prioridad... Detén la lectura en estos momentos y empieza ahora.

Error # 2: No tener un presupuesto Para el logro de nuestro objetivo, la paz económica, es importantísimo tener un presupuesto y cumplirlo, sobre todo cuando se tienen deudas. Cuando se manejan las finanzas con un presupuesto, la persona sabe con precisión dónde se concentran sus gastos, qué gastos debe reducir, sabe cuáles cosas puede comprar y cuáles no en un determinado momento y en cuánto debe aumentar sus ingresos mensuales. La falta de control sobre las deudas no se debe, en la mayoría de los casos, a la falta de dinero sino a la mala administración de las finanzas personales, a compras compulsivas que se hacen por no ajustarse a su presupuesto.

¿Tienes un presupuesto mensual?

Error# 3: Préstamos hipotecarios para refinanciar deudas.

No tiene sentido pedir prestado para pagar deudas. Y, mucho menos sentido tiene arriesgar tu propiedad para refinanciarlas.

Lamentablemente, la mayoría de la gente con problemas de deudas que no pueden pagar, acuden a la practicar errada de solicitar préstamos hipotecarios para obtener una línea de crédito y así pagar sus deudas, con lo cual no reducen el monto de la misma. Cuando pides una línea de crédito simplemente estás cambiando una deuda por otra. Claro la línea de crédito tiene un interés más bajo; sin embargo, usualmente al transferir la deuda de las tarjetas a la línea de crédito, la mayoría de las personas vuelven a usar las tarjetas, teniendo ahora dos deudas por un monto mucho mayor. Las estadísticas demuestran que el más del 80% de las personas que han refinanciado sus deudas, usando este mecanismo del préstamo hipotecario, se encuentran con más deudas un año después del refinanciamiento. Incluso el 65% de las personas que refinancian sus deudas sobrepasarán nuevamente su límite en las tarjetas en un periodo menor a los 12 meses.

Error #4: Usar más del 30% de tu crédito disponible. Al pedir prestado más del 30% del crédito disponible, el puntaje del crédito empieza a declinar. Es por ello que para mantener en un buen puntaje tu crédito, recomiendo utilizar hasta un máximo de un 30% del crédito disponible.

Error #5: Usar las tarjetas de crédito para obtener efectivo. Los "fees" y los interés son extremadamente alto y a la hora de pagar la tarjeta las compañías aplican el pago primero a las compras regulares y luego a los avances de efectivo haciendo cada vez más costosa la transacción.

Ley #11
DAR

"Quien da es quien más recibe"-Albert Schweitzer

He who is kind to the poor lends to the Lord, and he will reward him for what he has done.

Tanto das, tanto recibes. Es la ley de causa y efecto. Funciona en todos los aspectos de la vida incluyendo el dinero. Para recibir primero hay que dar. Una persona "responsablemente" generosa siempre será prospera.

Esta ley tiene que ver es con la parte humana de las finanzas. Esta ley te invita a mantener vivos los sentimientos de solidaridad con el prójimo ... todos los seres humanos, sin exclusión, estamos en un camino de dos vías: dar y recibir.

Esta es una ley universal que ha trascendido todos los tiempos, los que la _sienten_ y aplican se benefician infinitamente de ella.

De acuerdo con esta ley primero tienes que dar para recibir. No pretendas sentarte frente a la chimenea pidiendo calor sin antes echarle leña. Recuerda el principio de la chimenea, recibirás calor siempre y cuando le des leña primero. Así que si esperas recibir cualquier cosa en tu vida primero tienes que dar, es así de sencillo.

Si quieres tener felicidad, simplemente da felicidad a otros. Si quieres amor, da amor a otros. Si quieres tener amigos y abundancia, simplemente da amor y recibirás mucho más de lo que das. Las expresiones de amor son tan diversas y tan sencillas: una palabra, un gesto, paciencia, tolerancia, un apretón de manos, un silencio.

Cuando dejas de dar frenas la fuente principal de abundancia. Estás paralizando tu propia fuente de energía. Sabes cuánto se han quedado hasta sin familia por el miedo a quedarse sin dinero? El no saber dar les ha paralizado la principal fuente de energía: Los sentimientos. Los sentimientos de amor, de solidaridad en el más amplio sentido de la palabra; ese sentimiento que no conoce caras, ni nombres.

 Qué es dar, a quién dar y cuándo dar? La acción de dar, del verdadero dar, es una sensación, una emoción de saber que estás dando aunque se un poquito de alegría a alguien – aún a un desconocido - que en ese momento está en situación de "necesidad" (amor, cobijo, atención y/o dinero). El dar que te retribuye con paz, que es lo más grande que podamos recibir; es ese dar desinteresado, ese dar que no tiene otra intención que hacer "feliz" al otro. No es ese dar que tiene como propósito que el "universo" te recompense lo que has dado. Tampoco es ese dar propio de los que han hecho sus fortunas ilícitamente que, para calmar su conciencia, "regalan" mucho a los pobres. Puede que se les multiplique el dinero pero jamás alcanzan la paz.

Tampoco significa que, en nombre de la solidaridad, se vaya por la vida dando y dando, perjudicando las propias finanzas. No se debe dar más allá de nuestras posibilidades reales, nosotros somos nuestra primera responsabilidad, salvo casos extremos de un hijo (a), esposa (o), madre o padre, hermano (a) que seamos capaces de dar hasta lo que no tenemos. Cuántas familias promedio y hasta adineradas se han arruinado ante la enfermedad de un familiar muy querido, que se consumió ahorros, fondos de reservas y bienes, pero ha podido más el amor a ese ser que el apego al dinero... Y, después se han recuperado, se ha mantenido la unión de la familia y hasta triplicado sus fortunas y, sabes cómo? Con el mismo amor, entusiasmo y disciplina con la cual formaron su primer patrimonio.

Con las enseñanzas de mi madre y el apoyo de mi esposa, yo, quien había tenido una visión diferente de lo que es el dinero, comencé a sentir la necesidad de dar y, créanmelo, a partir del momento en que la puse en práctica, mi vida ha crecido en todos los aspectos, incluso, el financiero.

Date la oportunidad y empieza a aplicar esta ley, aún si eres de las personas que son muy apegadas al dinero... No te quedes esperando a un mejor momento de tus finanzas para ser generoso y solidario, porque a medida que crezcan tus finanzas, también crecerán tus sueños ... entonces nunca te darás la oportunidad de sentir la dicha de darle felicidad a otros que, hasta pueda incluir, aquellos cuyos nombres y caras no conozcas.

Atrévete y verás como empiezas a recibir más y a sentir ese bienestar, esa sensación de paz que da el saber que puedes ayudar a otros sin perjudicar tus finanzas.

Espero que tengas siempre presente esta ley tan importante que, a pesar de no ser una ley directamente financiera, es una ley universal que puede llegar a beneficiar de manera significativa tus finanzas personales.

"Tanto das, tanto recibes"

CONCLUSIÓN

A través de este libro te he pedido que escribas tus metas, que compartas tus sueños, que te autoevalúes, donde estas y a donde quieres llegar financieramente. La razón por la cual te he pedido esto es porque participando y reflexionando sobre las distintas experiencias por las que has pasado puedes ahora con un nuevo conocimiento aplicar estas leyes a tu propia vida y así tomar acción para mejorar las cosas que quieres cambiar. Al aplicar estas leyes espero que veas las oportunidades que tienes a tu alcance. Este es el momento para cambiar tu vida para mejorar financieramente. Para que el dinero sea tu aliado, algo que disfrutas en vez de ser algo por lo que te preocupas.

¿Ya tienes un presupuesto, reservas liquidas, tus bienes asegurados, tienes claras tus metas, un plan para eliminar tus deudas? ¿Ya empezaste? Si ya empezaste felicitaciones, si no ¿que estas esperando? Si ya empezaste o no demuestra tu nivel de decisión para alcanzar la Paz Económica.

¿Que tanto quieres disfrutar de la vida sin preocupaciones financieras, que tanto quieres dar a tu familia lo que se merece, quieres mandar a tus hijos a la mejor universidad, retirarte cómodamente, obtener la casa de tus sueños, disfrutar de unas merecidas vacaciones? ¿Te imaginas vivir sin preocuparte por el dinero?

La posibilidad esta ahora en tus manos. Si tomas acción y aplicas las 11 leyes para lograr la Paz Económica puedes tener todo lo que te propongas.

Toma las cosas con calma. Esta vez hazlo bien, toma las precauciones necesarias, aplica todas las leyes. Reconoce que estas leyes y tu disciplina son tus mejores amigos en un mundo donde nadie, solamente tu puedes cuidarte financieramente.

Finalmente quiero pedirte que te hagas responsable de tus finanzas porque a nadie le importa tanto tu tranquilad económica como a ti.

Recuerda que "El dinero no es un objetivo es un medio" y que "El más feliz no es el que más tiene sino que menos necesita."

Empieza hoy, aplica las leyes, contrario a muchas otras cosas nunca te arrepentirás.

Cuando te conviertes en una personal financieramente responsable tu vida cambia. La estabilidad económica te trae poder, confianza y seguridad en ti mismo. Lo más importante, no es que tienes mas dinero sino que creces como persona. El sentimiento de lograr una meta tan importante como alcanzar un balance financiero. Es lograr un equilibrio en este aspecto tan importante de tu vida. No puedes tener balance sin tener estabilidad económica.

Al disfrutar de estabilidad financiera podrás concentrarte en las cosas que son realmente importantes para ti. Como lo es tu familia, trabajo, hobbies, ect...

Adelante!!!

LaVergne, TN USA
22 November 2009

164962LV00001B/80/A